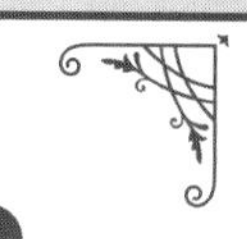

図解 いちばんやさしい

世界神話

沢辺有司

彩図社

はじめに

「神話」とは、私たちの現実生活からかけ離れたところにある架空の物語です。その神話のなかでも、ヨーロッパやエジプト、中東、中南米などの「世界神話」となると、時空を超えてはるか遠い世界のことのように感じてしまいます。

ところが、実際には「世界神話」は意外にも私たちの身近にあります。

たとえば、近代になって復活したオリンピックは、もともとはギリシア神話の最高神ゼウスに捧げられた祭典でした。映画『風の谷のナウシカ』の主人公ナウシカは、同じくギリシア神話の『オデュッセイア』に登場するナウシカア王女がモデルとなっています。

漫画やゲームのなかには、戦闘的な北欧神話を題材とするものが少なくありません。映画化された『指輪物語』（『ロード・オブ・ザ・リング』）や『ハリー・ポッター』といったファンタジーは、魔術的要素をもつケルト神話に着想を得ています。

仏教の梵天や大黒天などは、インド神話の神に由来します。そして、大ヒットアニメ映画『君の名は。』に登場する架空の彗星ティアマトは、メソポタミア周辺に伝わったバビロニア神話の創造の女神ティアマトから発想されています。

このように「世界神話」はさまざまな形で身近に息づいていますし、現代のクリエーターたちは古代の神話をもとに新たな物語を生み出しています。神話のなかには、単に教養になるというレベルを超えて、なにかしらのインスピレーションを与えてくれるような大きな力が宿っているのかもしれません。

本書では、この「世界神話」についてやさしくガイドしていきます。取り上げるのは、「ギリシア神話」「北欧神話」「ケルト神話」「インド神話」「メソポタミア神話」「エジプト神話」「マヤ・アステカ・インカ神話」です。

それぞれの神話の歴史や特色を概観するとともに、神話の名場面を読み解き、そして代表的な神々のプロフィールを確認します。ときに複雑となる神話世界を理解するため、多くの図解や図像（彫像、絵画など）を交えて解説します。

これらの神話に共通することは、多神教の神話であることです。逆に言えば、一神教のキリスト教やイスラム教が世界を席巻する以前に存在した、各地のさまざまな民族の個性豊かな神話ということになります。太古の人々は、この世界の成り立ちや自然界の法則、民族の歴史、ときに人生訓を後世に伝えるために「神話」を生み出しました。

愛、憎しみ、悲しみ、怒り、喜び……、激しい感情に突き動かされる神々の姿は、まるで人間の映し鏡のようです。そんな神々が織りなす物語には、たくさんの驚きや発見、そして感動が待っているはずです。

いちばんやさしい世界神話　もくじ

第2章 いちばんやさしい北欧神話

第4章 いちばんやさしいインド神話

第5章 いちばんやさしいメソポタミア神話

第6章 いちばんやさしいエジプト神話

第7章 いちばんやさしいマヤ・アステカ・インカ神話

第1章
いちばんやさしいギリシア神話

No.1

【愛にささげた神々の饗宴】

ギリシア神話とは何か？

ホメロスとヘシオドスの叙事詩がベース

世界各地で語り継がれる神話のなかでも、もっとも多くの人々に親しまれ、**美術や文芸など多方面に影響を与えているのがギリシア神話**です。

たとえば、オリオン座など夜空にきらめく星の名はギリシア神話に由来しますし、近代になって復活したオリンピックは、もともと最高神ゼウスに捧げられた祭典でした。教科書に必ず登場する彫刻「ミロのヴィーナス」は、美の女神アフロディテです。このように、私たちの身近なところにギリシアの神々が息づいています。

では、ギリシア神話とは何なのでしょうか？　この神話を直接的に伝えているのは、**紀元前8世紀頃のギリシアで書かれた4つの叙事詩**です。それが、詩人ホメロスの叙

ギリシア神話が作られるまで

紀元前8世紀頃　ギリシアにて

ホメロス著
『イリアス』『オデュッセイア』
ヘシオドス著
『神統記』『仕事と日々』

（＋後世の詩人や劇作家による追加エピソード）

古代ギリシア地域の人々が共通して信仰し、伝承された神々の物語を体系的にまとめた

事詩**『イリアス』**と**『オデュッセイア』**、詩人ヘシオドスの叙事詩**『神統記』**と**『仕事と日々』**です。『イリアス』はトロイア戦争最後の10日間を描いたもので、『オデュッセイア』はトロイア戦争の英雄オデュッセウスの帰国物語です。『神統記』は神々の起源や系譜を描いたもので、『仕事と日々』は神話を通して仕事の大切さを語っています。

この4つの叙事詩がギリシア神話のベースになっています。

神話がギリシア人のアイデンティティに

ギリシア神話は、ホメロスとヘシオドスによって生き生きと描かれましたが、**4つの叙事**

詩は、あくまでも古代ギリシアで語り継がれてきた伝承を体系的にまとめた記録にすぎないのです。

では、ギリシア神話はどのように生まれたのでしょうか？

ギリシア人のルーツは、西アジアや南ロシアあたりから移動し、紀元前2000年頃からエーゲ海沿岸地域に定住しはじめた人々だとされています。すでにそのときには、エーゲ海に浮かぶクレタ島のクノッソスには華麗な宮殿が建設されていて、青銅器を用いたミノス文明（クレタ文明）が栄えていました。彼らは、エーゲ海域を最初に支配した先住民と考えられています。

その後、ギリシア本土に新たに侵入してきたアカイア人によってミュケナイ文明が栄え、次いで、高い軍事力を持つドーリア人が北方から侵入してきて、ギリシア諸国は混乱に陥ります。ようやく落ち着いたのが紀元前8世紀頃のことです。

このようにギリシアでは、**侵入と没落を繰り返すなかで、先住民が持つ神話と侵入者が持つ神話が融合**し、さらには地中海周辺の民族が信仰する神々の話も吸収しながら、豊かな神話世界が形作られていったのです。

古代ギリシアには「ギリシア」という国はありません。紀元前8世紀以降は、アテナイ（アテネ）やスパルタなど中小の都市国家（ポリス）がバラバラに存立し、互いに同盟や戦争を繰り返しました。ただ人々には、「我々は同じギリシア人である」というアイデンティティがありました。その共通意識を支えていたものが、**「同じ神々への信仰」と「同じ言葉」**だったのです。

ところで、ホメロスとヘシオドスによってギリシア神話は一旦は文書の形でまとめられましたが、これで完結したわけではありません。2人のあとの世代の詩人や劇作家たちによって新しいエピソードが紡ぎ出されていきました。

たとえば、紀元前5世紀のアテナイの劇作家ソポクレスの悲劇『オイディプス王』は有名です。殺害した王が実の父親で、妻として愛した女性が実の母親だと知って苦悩するオイディプスの過酷な運命が描かれています。

人間以上に人間臭い神々

日本神話には八百万の神とよばれる多くの神がいますが、ギリシア神話にもそれに負けないほど数多くの神がいます。その中心に居座るのが**「オリュンポス12神」**です。

彼らはギリシアの北方、オリュンポス山に住んでいます。

その12神とは、最高神ゼウス、その妻のヘラ、海の神ポセイドン、豊穣の神デメテル、月の女神アルテミス、太陽神アポロン、戦いの女神アテナ、美の女神アフロディテ、神々の使者ヘルメス、家庭の守護神ヘスティア、軍神アレス、鍛冶の神ヘパイストスです。ヘスティアの代わりに、酒の神ディオニュソスが入ることもあります。

その他、オリュンポス山には多くの神が住んでいて、アフロディテの従者で愛の神エロス、ヘラの娘のヘベとエイレイテュイア、**ティタン神族**でもゼウスに従った掟の女神テミスや勝利の女神ニケなどもいました。

ちなみに、翼のはえた女神ニケの大理石彫刻は、「サモトラケのニケ」としてパリのルーヴル美術館に飾られています。スポーツメーカーのナイキ（NIKE）の由来としても知られています。

ギリシアの神々に共通する特徴は、**不死身であること以外は、神らしいところがあまりない**ことでしょう。男神はたいてい女たらしで、女神は美しさを競い合い、男たちを誘惑します。嘘をつくし、盗みをするし、殺しもします。人間よりも人間臭い存在です。

　また、神々たちの子孫にあたる英雄でさえも、強靭な肉体と勇敢な魂を持っているはずなのに、ときおり英雄らしからぬ弱さを露呈します。トロイアとの戦争がはじまろうかというとき、アキレウスは女装し、オデュッセウスはバカになったふりをして徴兵を逃れようとしました。彼らは本心では平和を愛していたのです。

オリュンポス神族が支配権を確立する

　では、ギリシア神話がどのように展開するのか大きな流れを見てみましょう。

　ギリシア神話は**「創世神話」「神々の物語」「英雄たちの物語」**という3つのパートに分けることができます。

「創世神話」は、文字通り**天地創造の話**です。

　この世界ははじめ何もかもはっきりしない混沌としたカオスでしたが、その混沌から大地が生まれます。これが大地母神ガイアです。

　ガイアは天空の神ウラノスと交わり、男女6神ずつのティタン神族（巨神族）を生みます。このうち末子のクロノスが父ウラノスを倒し、世界の支配権をにぎります。

クロノスは妹のレアと結婚し、子供をもうけますが、ガイアとウラノスから「お前も自分の息子に世界の支配権を奪われる」と予言されていたため、生まれた子供たちを次々と呑み込んでいきました。これを悲しんだレアは、6番目の子を懐妊したときに、クレタ島に身を隠して出産しました。その子がゼウスでした。

成長したゼウスは、クロノスに呑み込まれた兄弟を救い出します。これがポセイドン、ハデス、ヘラ、デメテル、ヘスティアです。彼らはオリュンポス山に拠点を構えたことで、オリュンポス神族とよばれるようになりました。

やがて、ゼウス率いるオリュンポス神族と、クロノス率いるティタン神族との戦争が勃発しました。これが「ティタノマキア」とよばれる10年に及ぶ大戦争です。結果、オリュンポス神族が勝利し、この世界の支配権を奪いました。ここからゼウスがギリシアの神々の最高神となります。

次の「神々の物語」では、この**オリュンポス神族が子孫をなしていく過程や、彼らの失敗や成長の物語**がつづられます。恋をしたり、ケンカをしたり、憎んだり、嫉妬したり、愛憎入り交じるエピソードが豊富で、ギリシア神話の醍醐味はこのパートに凝縮されているといっていいでしょう。

ギリシア神話のおおまかな流れ

創世神話

大地母神ガイアをはじめとする神々の誕生

⇒戦争のすえにゼウスが最高神に

神々の物語

ゼウス率いるオリュンポス神族の発展物語

ゼウスは多くの妻と子をなす

英雄の物語

半神半人の英雄によるエピソード

パンドラの箱

メドゥサ退治

ギリシアの神々はのちにローマ神話の神となった
(例：アフロディテ→ヴィーナス、ポセイドン→ネプチューン)

そして3つ目の「英雄たちの物語」は、**オリュンポス神族による統治が確立したあとの時代**を描いています。ここでの主役は、半神半人の英雄たちです。ヘラクレスやペルセウス、アキレウス、オデュッセウスなどが、しばしば神々の援助を受けながら難局を切り抜けていきます。

トロイア戦争後、破れたトロイアの英雄アイネイアスはイタリアに逃れ、その血統はローマに受け継がれました。こうしてギリシア神話はローマ神話とひとつづきとなりました。ギリシアの神々の多くは、名前は違っても、そのままローマ神話の神として取り入れられているのです。

【神話の名場面①】
プロメテウスとパンドラの箱

No.2

盗んだ火を人間に与える

ギリシア神話では、プロメテウスという神が人間をつくっています。プロメテウスはティタン神族のイアペトスの息子ですが、ティタノマキアでは冷静に戦況分析をして、オリュンポス神族側に寝返りました。ティタノマキアが終わると、弟のエピメテウスとともに**人間をつくり、我が子のように溺愛し、何よりも大事にしました。**

神々と人間のあいだで牛の肉の分配方法で争いになったときには、トリックを使って、ゼウスに骨をつかませ、人間に肉を与えました。

騙されたゼウスは、報復として人間たちから生活に不可欠な火を取り上げました。

プロメテウスはすかさず技術の神へパイストスの仕事場にしのび込んで火を盗み、無断で人間に与えました。

ゼウスは激怒します。プロメテウスを捕らえ、カウカソス山の岩山に鎖でつなぎ、生きたまま大ワシに肝臓をついばませるという苛烈な罰を与えました。肝臓は再生するので、何度もワシに食われます。悶絶につぐ悶絶の日々がつづきました。

この拷問が終わったのは3万年後のことだったといいます。たまたま通りかかった英雄ヘラクレスによってようやく解放されました。

人類最初の女性はトラブルメーカー

人間はプロメテウスが盗んだ火の力を利用してあらゆる技術をもつことができるようになりましたが、ゼウスは人間にも制裁を加えます。

ゼウスは、ヘパイストスに命じ、女神に似た女性の人間を創らせました。名は、**パンドラ**です。パンドラは、技芸の神アテナから機織りの技術を教えられ、美の女神アフロディテから男を悩ます色気を教えられ、さらに狡猾なヘルメスから嘘と泥棒の方法を教えられました。そして、**神々から封印した壺を渡され、プロメテウスの弟エピ**

メテウスのもとに送り届けられました。

エピメテウスは、プロメテウスから「ゼウスからのプレゼントは絶対に受け取ってはいけない」と忠告を受けていたにもかかわらず、美しいパンドラの魅力に負け、彼女を妻に迎えます。

はじめは静かに暮らしていたパンドラでしたが、しばらくすると神々から渡された壺が気になりはじめました。「決して開けてはいけない」と言われていたので、戸棚にしまっておきましたが、中身が気になって仕方ありません。

ついに彼女は、戸棚から壺を取り出し、蓋を少しだけ開けてみました。するとなかからは「悲しみ」「苦しみ」「憎しみ」「狭量」「短気」「猜疑心」「憎悪」「利己心」など**あらゆる災いが飛び出して、あっというまに世界中に拡散しました。**パンドラがあわてて蓋を閉めたとき、唯一、「希望」だけが壺のなかに残ったといいます。

これ以来、**人間は災いとともに苦しみながら生きる運命となったのです。**

「困難の元になるもの」を「パンドラの箱」というのは、この神話に由来します。神話の「壺」が、いつしか「箱」となったようです。

プロメテウスがつくった人間は、彼の窃盗によって火を手に入れることができまし

火を与えられた人間の末路

プロメテウスが火を盗み出し
人間に再び与えたため…

人間をこらしめてやる！

悲しみ　猜疑心

パンドラの箱から災いが飛び出し、
人間は苦しみながら生きる運命になる

たが、その代償として、女性を受け入れることになりました。

ギリシア神話では、女性は色気で男をまどわせ、泥棒の気質で絶えず夫を苦しめる存在とされています。ヘシオドスは『仕事と日々』のなかで、「女たちを信じるのは、盗人を信じるようなもの」と、かなりの警戒心を示しています。

『旧約聖書』でも同じように、女性は人類を不幸にした存在として描かれています。イヴは禁断の果実を口にし、それをアダムにも食べさせたため、2人は楽園追放となります。これによって人間は永遠の命を失い、妻は子を産む苦しみ、夫は労働の苦しみを背負うことになるのです。

【神話の名場面②】

エロスとプシュケの愛の物語

No.3

結婚した怪物は美少年だった!?

美の女神アフロディテのそばには、いつも翼のついた天使がふわふわと飛んでいます。これは女神の息子で、愛の神エロスです。

このエロスの矢をうち込まれた者は、必ず恋に落ちます。ローマ神話名は「クピド」、英語名は「キューピッド」。つまり**「愛のキューピッド」とはエロスのこと**です。そんなエロスも立派な青年になると、自分が恋に落ちる番となりました。

ある国に、プシュケという美しい王女がいました。プシュケの美しさは、「女神アフロディテ以上」と評判でした。ところが、2人の姉たちはすんなり結婚できたのに、プシュケには結婚相手があらわれません。「美しすぎる」がゆえに、男性たちが尻込みしたのです。

心配した両親が神託に伺いをたてると、「怪物にささげよ」という恐ろしいお告げがくだされました。神託には逆らえないので、両親は泣く泣く娘を人里離れた山の頂に置き去りにしました。**すると、ぴゅーっと風が吹いて、彼女は谷間に佇む豪華な宮殿に連れていかれました。**

宮殿に人影は見当たりません。でも男の声がします。声は彼女を案内し、望むことはなんでもかなえられました。そして夜、床に就くと、闇にまぎれて怪物があらわれその抱擁を受けたのです。

プシュケは不思議なことに恐怖を感じませんでした。怪物は信じられないほどやさしかったからです。そんな毎日がつづき、彼女は宮殿での満ち足りた生活に幸せを感じるようになりました。

その話を聞いた姉たちは嫉妬して「怪物が本性をあらわす前に殺しておしまい」と命じました。姉たちの命令を真に受けたプシュケは、深夜、短剣をもって怪物が寝息をたてるベッドに近づきました。果たして、ランプの光に照らされ浮かびあがったのは、若く美しい愛の神エロスでした。

「美女と野獣」のモデルに

　じつは、自分より美しいというプシュケの噂を聞いたアフロディテは、**息子エロスに命じ、プシュケを不幸に陥れようとしました**。ところが、エロスはプシュケを一目見て恋に落ち、怪物の姿になって彼女を宮殿に誘い出していたのです。

　エロスに愛されていると知り、喜びに包まれたプシュケですが、次の瞬間、うっかりランプの熱い油をエロスの肩にたらしてしまいました。驚いて目を覚ましたエロスは、プシュケに本性を見られたのを知って、あわてて逃げていきました。

　プシュケはエロスを探して世界をさまよいますが、どこにも見当たりません。思い余ったプシュケはアフロディテの館を訪ね、凄まじい怒りの女神の試練をいくつも乗り越えました。最後の試練で冥界の王妃ペルセポネから「美の箱」をもらいうけ、アフロディテのもとに届けようとしました。

　まもなく地上にたどり着こうというとき、**プシュケは「決して開けてはいけない」と言われていたその箱を開けてしまいます**。箱のなかの「美」を少しだけいただこうとしたのです。

美しい王女プシュケを攫った怪物の正体

プシュケ

怪物のいる宮殿に連れていかれたプシュケ

怪物だけれど、優しい方…

プシュケに正体を知られた
怪物＝エロスは逃げ出してしまう

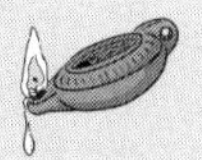

↓

プシュケはエロスを追いかけ、
女神の試練を乗り越えてエロスと結ばれる

しかし、箱のなかから漏れ出たのは、「美」ではなく「眠り」でした。白い煙に包まれた彼女は、たちまち深い眠りに落ちてしまいました。最後までツキのないプシュケですが、やがてあらわれたエロスが、矢の先で頬をつつくと彼女は目覚め、2人は正式に結婚したのです。

このエロスとプシュケの物語は、2世紀のローマの作家アプレイウスの小説『変身物語（黄金のろば）』に挿入されたものです。**これをもとに生まれたといわれるのが、異類婚姻譚の『美女と野獣』**です。18世紀、フランスのボーモン夫人によってまとめられました。のちに劇作家ジャン・コクトーが映画化したほか、舞台やディズニー映画でもお馴染みとなりました。

【神話の名場面③】

ペルセウスのゴルゴン退治

No.4

怪物メドゥサを見たら石になる

ペルセウスは、各地を冒険して難敵を次々にたおした英雄です。**アルゴスのアクリシオス王の娘ダナエと最高神ゼウスとの間に生まれている**ので、血統的にも英雄になる資格十分でした。

アクリシオス王は、「孫によって殺される」という神託を受けたことから、**ペルセウスを恐れ、ダナエとともに箱に閉じ込め島から追放**します。親子は、セリポス島に流れ着き、その島のポリュデクテス王に引き取られました。

ポリュデクテス王は美しいダナエが気に入り、2人きりになろうとしましたが、ペルセウスが母の見張りを解かないので、「怪物メドゥサを退治せよ！」と命じました。

王の命令には逆らえないので、ペルセウスはしぶしぶ了承しました。

メドゥサとは、ゴルゴン3姉妹の末の妹です。もともとは美しいニンフ（妖精）でしたが、「女神アテナよりも私のほうが美しい」とつい口をすべらせたばかりに、アテナによって姉妹もろとも醜い怪物にさせられたのでした。

もちろんペルセウスはそんな3姉妹の悲劇を知る由もなくやってきます。どうやって怪物をたおすか？　2人の姉妹は不死の身体ですが、メドゥサは不死ではありません。ただ厄介なのは、**その姿を見た者は石になってしまう**ことでした。

するとペルセウスは、アテナからよく磨いた輝く楯をもらい、ステュクス河のニンフたちから翼のついたサンダルと、かぶると姿が見えなくなるかくれ帽、それにメドゥサの首を入れるためのキビシスという袋を借りうけました。

準備は整いました。ペルセウスは帽子をかぶり姿を消すと、楯に映るメドゥサの姿を見ながら慎重に忍び寄り、首尾よく首を斬り落としました。異変に気付いた2人の姉が追ってきましたが、すぐに首を袋に入れると、サンダルを履いて上空に舞い上がり、無事に逃げ切ることができました。

結婚を条件にアンドロメダを救出する

その後、ペルセウスがエチオピア上空にさしかかったとき、海獣の生贄となった王女アンドロメダを見初め、結婚を条件に救い出しました。

この話は**「ペルセウス・アンドロメダ型神話」**として知られ、世界中に同様の説話を見出すことができます。たとえば日本神話では、スサノオが大蛇の生贄となったクシナダヒメを救うヤマタノオロチ伝説がこの類型にあたります。

さて、ペルセウスとアンドロメダの結婚式のとき、アンドロメダの婚約者だったピネウスが手下とともに乱入し、ペルセウスに斬りかかってきました。するとペルセウスは、袋から「メドゥサの首」を取り出し、敵の前にかざしました。敵はその首を見た瞬間、みな石になってしまいました。

めでたくアンドロメダを妻に迎えたペルセウスは、母の待つセリポス島へ。ポリュデクテス王の前におどり出てメドゥサの首をさらすと、王はあっという間に石になって固まってしまいました。

さらにペルセウスは、母・妻とともに祖国アルゴスに帰還し、アクリシオス王を追

ゴルゴン退治とペルセウスの結婚

**メドゥサ退治を終え、
囚われのアンドロメダと出会う**

↓

【ペルセウス・アンドロメダ型神話】

**女性が怪物の被害にあっており、
英雄が女性を救うと２人は結ばれる**

（例：日本神話の「ヤマタノオロチ伝説」）

い出します。こうしてついに王の座を手に入れたのです。

その後、ペルセウスがラリッサで円盤投げに出場したとき、**投げた円盤がある老人を直撃して死なせてしまいます。その老人こそアクリシオス王でした。**予言は実現していたのです。

ギリシア神話では、アフロディテのような絶世の美女神がいる一方で、メドゥサのような醜女がいます。メドゥサの起源は、邪悪な力を払うために建物や武具につけられた奇怪な顔（ゴルゴネイオン）ともいわれています。事実、切られたメドゥサの首は、アテナに捧げられ、彼女はそれを自らの楯アイギスの中央につけたといいます。

【神話の名場面④】

ヘラクレスの12の難業

No.5

狂気に襲われ妻子を惨殺

生まれながらに超人的なパワーをもっていた英雄ヘラクレスは、数々の伝説を残しています。生後8か月で2匹の毒ヘビを絞め殺し、学校では叱りつけてきた教師を竪琴(たてごと)をぶつけて殺し、18歳のときには百獣の王ライオンを瞬殺しました。

そんなヘラクレスも、青年になると心が落ち着き、テバイの王女メガラと結婚。子宝に恵まれ、幸せな家庭を築きました。

ところが、ゼウスの妻ヘラがあらわれ、ヘラクレスの魂を狂わせました。じつは**ヘラクレスは、ゼウスの浮気相手の子であったため、ヘラは復讐を仕掛けてきた**のです。

正気を失ったヘラクレスは凶暴化し、妻メガラと子供たちを弓で射抜き、弟イピクレスの２人の子供を火のなかに放り込みました。ヘラクレスが我に返ったとき、目の前にはむごたらしい光景が広がっていました。

「なんということをしてしまったのだ……」

ヘラクレスは罪を償うため、アポロンの神託にしたがうことにします。その神託が「ミュケナイのエウリュステウス王が課す12の難業を遂げよ」というものでした。ヘラクレスは、その12の難業を次々とクリアしていきます。

妻の略奪者の罠にはまる

難業を順番に見ていくと、①ネメアの谷に住む不死身のライオン退治、②レルネの沼に住む水蛇ヒュドラ退治、③女神アルテミスに捧げられた黄金の角をもつ鹿の生け捕り、④エリュマントス山の人食い大猪の生け捕り、⑤エリスの王アウゲイアスの牛小屋の清掃、⑥ステュムパリデスの森の鳥退治、⑦クレタ島の暴れ牛の生け捕り、⑧トラキアのディオメデス王の人食い馬の生け捕り、になります。ここまで無難に成功しました。

次の⑨女戦士アマゾン族の女王の帯の奪取では、女神ヘラの介入もあり、激しい戦闘になりますが、これにも勝って女王の帯を奪います。

ギリシア神話には、このアマゾン族がよく登場します。彼女たちは女だけの社会を築き、弓を扱うのに邪魔な右の乳房を取り除いたことから、「アマゾン」（＝乳のないもの）とよばれました。アマゾン族は女戦士集団ですが、アキレウスやテセウスなど男たちに制圧される話がほとんどです。それだけ古代ギリシアの男たちは、女のみで充足した社会に脅威を感じていたのでしょう。

さてその後のヘラクレスは、⑩怪物ゲリュオンの飼う赤い牛を生け捕りにし、⑪竜ラドンが守る黄金のリンゴを手に入れ、⑫冥界の番犬ケルベロスを生け捕りにし、難業をすべて達成しました。

晴れて自由の身となったヘラクレスは、カリュドンの王女デイアネイラと再婚します。が、またしても邪魔者があらわれました。

半人半馬のケンタウロス族のネッソスが、デイアネイラを誘惑したのです。それを知った**ヘラクレスは、ネッソスを射殺しました**。ネッソスは死の間際、「自分の血は恋の媚薬になる」とデイアネイラに吹き込みました。彼女はそれを信じ、ネッソスの

12の難業を経て神になるヘラクレス

自らの罪を償うための「12の難業」をすべて達成し、デイアネイラとの再婚へ

↓

妻・デイアネイラを誘惑したケンタウロス族のネッソスを射殺

↓

猛毒が混じったネッソスの血を浴び自ら火に包まれて死亡、のちに神になる

血を瓶に集めました。

デイアネイラは、ヘラクレスとの愛情が確かなものになるようにと、ネッソスの血をヘラクレスの下着に塗り込んで着せました。するとヘラクレスの皮膚は腐食しはじめました。じつは、ネッソスの血には猛毒が混ざっていたのです。

下着を脱ごうにも肌に密着して離れず、苦悶するヘラクレス。恐ろしさに耐えきれずデイアネイラは自害します。**ヘラクレスは自ら火葬壇に身を横たえ、火に包まれながら息を引き取りました。**

そのときです。ヘラクレスの神性が解放され、天に召し上げられ、主神たちの列に加わりました。半神半人の英雄はついに神になったのです。ヘラとは和解。ヘラの娘へベと結ばれました。

【神話の名場面⑤】

テセウスのミノタウロス退治

No.6

アリアドネの糸で迷宮から脱出

アテナイの王子テセウスといえば、怪物ミノタウロスを退治した英雄として有名です。このミノタウロスは、人間の身体に牛の頭をもつ奇妙な怪物ですが、じつはクレタ島のミノス王の妃パシパエから生まれています。

パシパエは、海の神ポセイドンから贈られた白い雄牛に欲情したため、発明家ダイダロスにつくってもらった白い雌牛の模型に入り、雄牛との愛を遂げました。その結果生まれたのが、ミノタウロスです。この話には、古代クレタにあった雄牛崇拝があらわれていると考えられています。

さてミノス王は、**この怪物を迷宮ラビュリントスに閉じ込め、定期的に生贄を与え**

ました。その生贄となったのが、アテナイから毎年差し出される７人の少年と７人の少女でした。その年は、生贄に紛れ込んで怪物退治を目論むテセウスがやってきました。テセウスは腕には自信があるものの、どうやって迷宮から脱出すればよいのか答えが見つかりませんでした。

するとと、思わぬ助け舟を出してくれる人物があらわれます。ミノス王の娘アリアドネです。彼女は、上陸したテセウスに一目惚れし、こうささやきました。

「私を妻にして、アテナイに連れていってくださいまし……。約束してくださるのなら、迷宮からの脱出方法を教えましょう」

そして糸玉を手渡しました。結婚を約束したテセウスは、アリアドネに教えられた通り、**糸玉の一端を扉に結びつけ、糸を引きながら迷宮のなかを進みました**。待ち受けるミノタウロスを剣で一突きして倒すと、糸玉の糸をたぐりながら無事に迷宮から脱出しました。こうしてテセウスは約束通り、アリアドネを船に乗せて、アテナイにむけて出帆しました。

以上が、美しい「ラビュリントスの伝説」です。が、よくよく考えてみると、弟（ミノタウロス）殺しに加担し、祖国と両親を裏切って、敵国の王子と駆け落ちしてしまったアリアドネは、かなり身勝手な娘といえます。

約束を忘れたテセウスの船

テセウス一行は途中、ナクソス島に立ち寄りますが、なんと**テセウスはアリアドネを島に置き去りにして立ち去ってしまいます**。結婚するつもりではなかったのか、またたは、酒の神ディオニュソスに奪われたという説もあります。アリアドネは、島にいたディオニュソスと結ばれています。

航海をつづけるテセウス一行は、やがて本土の影を視界にとらえます。テセウスの父アイゲウス王は、アクロポリス（丘）から見下ろして息子の帰りを待っていました。

「父上、無事に帰りましたよ！」

テセウスは、父との再会に胸躍らせました。ところがこのとき、テセウスは大きなミスを犯していることに気づいていませんでした。じつはテセウスがアテナイを発つとき、父王は「生きて帰れたときは船の帆を黒から白に張り替えるように」と言いつけていたのです。ところが、**テセウスの船の帆は黒のままだった**のです。

英雄テセウスは2つの約束を忘れた？

約束その① アリアドネとの結婚

アリアドネを妻にし、
アテナイに連れて行く約束をするが
島へ置き去りにする

渡された糸玉で
迷宮を脱出

約束その② 帰還時の帆の色

「生きて帰るなら帆は白に」という
父王の言葉を忘れ、黒のままだった

黒い帆を見た父王は海に身を投げた

「なんということじゃ。息子が死んだ……」

父王は黒い帆を見てショックを受け、そのまま海に身を投げて自殺してしまいました。それ以来、この海はアイゲウス王の名にちなんで「エーゲ海」とよばれるようになったといいます。

テセウスは、亡き父のあとを継いでアテナイの王座につきます。専制を廃し、民主制を敷き、国家の基礎を築きました。しかし、やがて王位を追われ、亡命先のスキュロス島で殺されました。

悲惨な最期でしたが、その遺骸はアテナイに戻され、神のように崇められたといいます。

【神話の名場面⑥】

オイディプス王の悲劇

No.7

撲殺した老人は実父だった

紀元前5世紀のアテナイの劇作家ソフォクレスが書いた『オイディプス王』は、ギリシア悲劇最大の傑作ともいわれています。主人公オイディプスの人生が、神の予言に翻弄される様が描かれます。

オイディプスの父は、テバイの王ライオスでした。ライオスはイオカステと結婚したとき、**「息子に殺される」**という神託を受けたので、王妃と距離を置いていました。ところが、泥酔した折にイオカステと交わり、男児が生まれます。

ライオス王は、男児の踵を黄金のピンで刺し、歩けなくしたうえで、羊飼いに命じて山に捨てさせました。ところが、羊飼いは赤ん坊が不憫になり、コリントの羊飼いに無断で引き渡してしまいます。コリントの羊飼いは、赤ん坊の踵のピンを抜き、子供に恵まれないコリントのポリュボス王夫妻のもとに届けました。王夫妻は赤ん坊の足が腫れていたことから、**「腫れ足」を意味する「オイディプス」**と名づけて、大切に育てました。

立派な青年に成長したオイディプスは、「自分はコリント王夫妻の子供ではない」という噂を耳にしました。真相を確かめるためデルフォイの神殿を訪ねると、神は出生の秘密には答えてくれず、その代わり、「お前は父を殺し、母を妻とするだろう」という不吉な予言をくだしました。

驚いたオイディプスは、親と信じるコリント王夫妻に近づかないよう、テバイに向かいました。

その道すがら、老人を乗せた馬車と鉢合わせになります。山中で道が非常に狭く、すれ違うことができません。すると馬車の従者が怒鳴ります。

「邪魔だ！　さっさと道をあけろ！」

これに逆上したオイディプスは、従者を撲殺したうえ、老人を杖で叩き殺しました。

じつはこの老人こそ、父ライオスだったのです。

なぞなぞを解いてしまう

テバイに着きました。そこでは人々が、スフィンクスを恐れてびくびくしていました。スフィンクスは、ライオンの身体と大きな翼をもち、女性の顔をした怪物で、道行く人になぞなぞを出しては、正解できない者を食い殺していました。

ライオス王を失ったテバイでは、「スフィンクスのなぞなぞを解いた者を王にする」という布告が出ていたので、物好きなオイディプスはスフィンクスの前に躍り出て、なぞなぞに挑戦しました。

「ひとつの声を持ち、4足、2足、3足になるものは？」

「それは人間です。赤子は4足でハイハイ、それから2足で歩き、老人になると杖をついて3足になるからです」

正解でした。スフィンクスは谷に身を投げていなくなり、テバイの町は平和を取り戻しました。**王となったオイディプスは、宮殿に迎えられ、王妃イオカステと結婚します。そう、実の母です。**2人の間には、子供も生まれました。

知らないほうが幸せなことがありますが、オイディプスは前王ライオスの殺害犯探

オイディプス親子を襲った悲劇

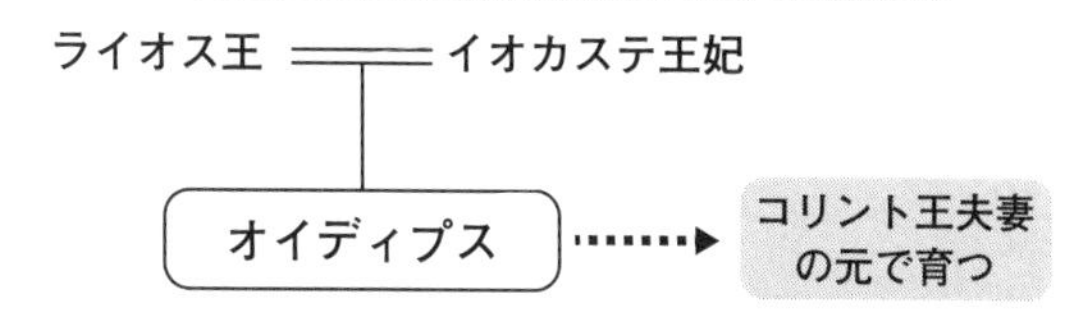

青年になり、神託を受けたオイディプスはテバイへ

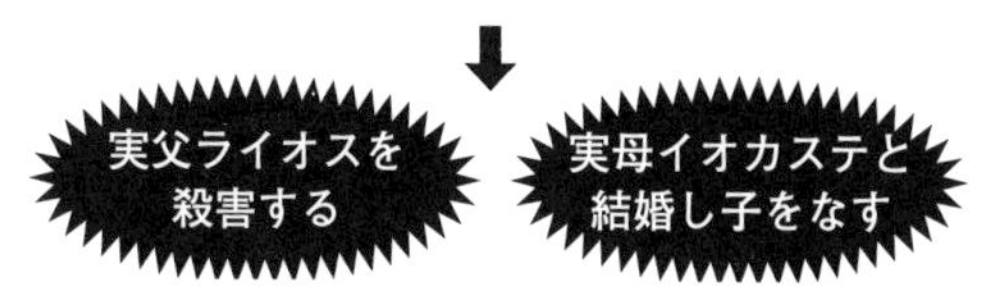

しの過程で、自分こそが犯人であることに気づきます。そして、妻として愛したイオカステが母親だったという恐ろしい事実も知ってしまいます。

イオカステは、錯乱状態となって首をくくって自殺。**オイディプスは、真相を見抜けなかった自分の両目を黄金のピンで突き刺して盲目となり、放浪の旅の果てに失踪を遂げた**といいます。

あまりにも過酷な運命が語られる「オイディプスの悲劇」。この話をもとに心理学者フロイトが打ち立てた理論が「エディプス（オイディプス）・コンプレックス」です。男の子は母親に性的に思慕を抱くため、同性の父親を憎む無意識の傾向があるというもの。オイディプスは、その傾向を極端な形で表出した人物というわけです。

【神話の名場面⑦】

パリスの審判とトロイア戦争

No.8

敵国スパルタの王妃を奪う

ギリシア神話の山場の1つが、ギリシア軍とトロイア軍が全面衝突した**トロイア戦争**ですが、そもそもこの戦争はなぜ起きたのでしょうか？

海の女神テティスとアイギナ島の英雄ペレウスの結婚式のとき、ヘラとアテナ、アフロディテの3女神が、**「私たちのうち、だれが一番美しいか？」**とゼウスに迫りました。もめごとに巻き込まれたくないゼウスは、**トロイアの王子パリスに審判役を委ねました**。ここから、俗にいう「パリスの審判」がはじまります。

女神たちはパリスに気に入られようと、プレゼントを用意します。ヘラは「アジア全土の王」、アテナは「最強の武力」、アフロディテは「最も美しい妻」で誘惑し、パリスに迫りました。

果たして、**王子パリスが選んだのは、アフロディテでした**。つまりパリスは、権力や武力よりも、美人の奥さんを最も欲しがったのです。

パリスは約束どおり、人間界で最も美しいヘレネを妻に迎えることにしました。しかし、ヘレネというのは、スパルタの王メネラオスの妻です。パリスがヘレネと財宝を奪うと、メネラオス王は激昂し、兄のミュケナイ王・アガメムノンにトロイア侵攻を訴えました。アガメムノンは全ギリシアによびかけ、対トロイア戦争がはじまります。

「アキレス腱」と「トロイアの木馬」

ギリシア軍とトロイア軍の力は拮抗し、戦いは10年目に突入しました。そんななか、ギリシア軍のキャンプである問題が起きました。総大将アガメムノンが、英雄アキレウスのお気に入りの女性ブリセイスを奪ってしまったのです。アキレウスは怒り狂い、軍を離脱。

するとアキレウスの親友パトロクロスが、代わりにアキレウスの武具を身につけて戦場に躍り出ますが、トロイアの総大将ヘクトルに殺されます。それを知ったアキレウスは戦線に復帰し、親友の敵討ちとして、ヘクトルを槍で突き殺しました。

アキレウスの帰還で勢いを取り戻したギリシア軍は、トロイアを追い詰めますが、ここでヘクトルの弟パリスが一矢報いました。

パリスは戦争の発端をつくったにもかかわらず、それまで何一つ戦果を挙げていませんでした。因縁のメネラオスとの一騎打ちでは、腰を抜かして逃げ惑い、パリス殺害のため送り込まれた刺客ピロクテテスとの決闘では、手足と両目に致命傷をおって、敗走していました。

そんな**臆病者パリスが、アキレウスを目掛けて放った矢が、踵に命中します。これが致命傷となり、アキレウスは倒れます**。

じつは、アキレウスは生まれたとき、母テティスが冥界のステュクス川にひたしたことで不死身の身体になっていたのですが、そのとき母が踵をつかんでいたため、そこだけは不死とならず、逆に弱点となっていたのです。唯一の弱点である「アキレス腱」とは、この話に由来します。

さて、10年に及ぶトロイア戦争は決着の日を迎えます。知将オデュッセウスが発案

トロイア戦争の勢力図

「パリスの審判」によって妻を奪われたスパルタ王

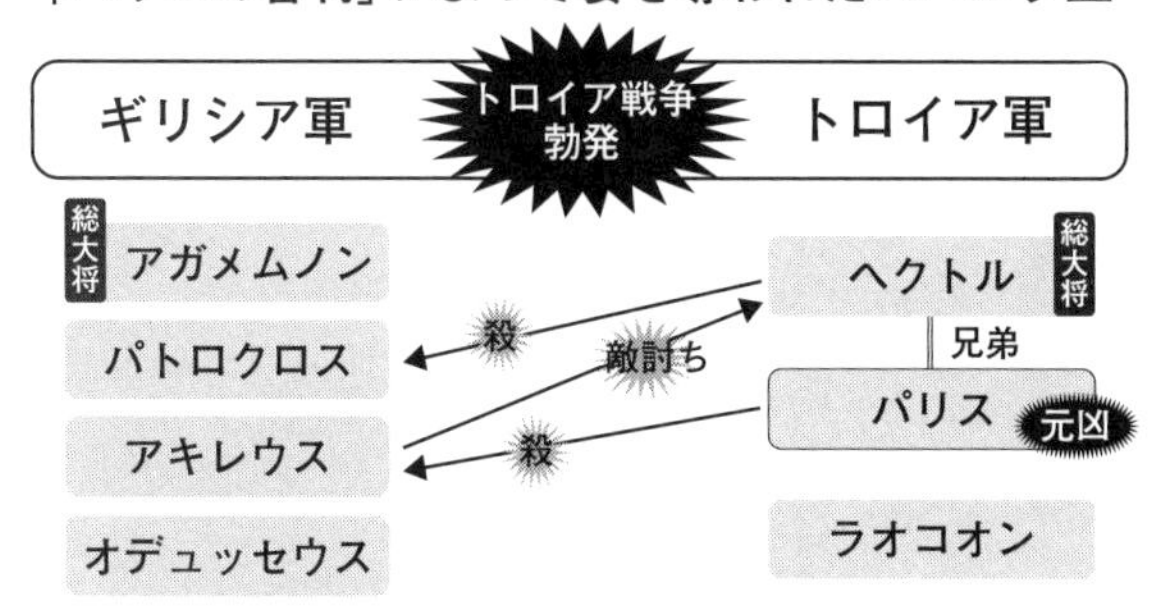

「トロイアの木馬」作戦でギリシア軍が勝利

した**木馬作戦**によるものでした。

作戦はこうです。トロイア人への贈り物として、巨大な木馬を差し出しますが、胴のなかにギリシア兵の一団をひそませます。木馬がトロイアの城のなかに引き入れられたら、**夜、トロイア人が戦勝を祝して美酒に酔いつぶれるのを見計らって兵が出動**。トロイア人を次々に刺し殺すというもの。この作戦によって、ギリシア軍は見事、勝利を手にし、トロイアは崩壊しました。

ちなみに、ギリシア軍の計略を見抜いて木馬入城を制止しようとした神官ラオコオンは、2匹の大蛇に襲われました。このエピソードを表現したのが、ラオコオン像（前1世紀頃製作）です。

【神話の名場面⑧】

英雄オデュッセウスの帰還

No.9

海神ポセイドンの怒りを買う

10年に及ぶトロイア戦争を木馬の計略で決着をつけた知将オデュッセウス。故郷イタケに戻ることになりますが、ここから多くの試練にさらされることになります。このオデュッセウスの一連の帰還物語を記したものが、ホメロスの『オデュッセイア』です。説話タイプとしては、英雄が困難を克服しながら成長する**貴種流離譚**(きしゅりゅうりたん)にあたります。

オデュッセウス一行ははじめ、一つ目巨人のポリュフェモスのいる島に立ち寄りました。オデュッセウスは巨人に、「私はウティスという。食事を用意してくれ」と偽名を使って頼みます。ポリュフェモスは一行を自分の住処の洞窟に案内し、言われた通り豪華な夕食を供しました。しかし、これは罠でした。**ポリュフェモスは酔いつぶ**

れたオデュッセウスの部下を一人ずつ食べはじめたのです。異変に気づいた一行は慌てて逃げようとしますが、洞窟の穴は巨大な岩でふさがれ、右往左往するばかりです。

するとと次の夜、オデュッセウスたちはポリュフェモスが眠りに落ちるのを見計らって、1つしかない巨人の目を突き刺しました。絶叫を聞いて仲間の巨人族が駆けつけますが、ポリュフェモスが「ウティスにやられた！」と言うと、仲間たちは帰っていきました。オデュッセウスが使った**偽名の「ウティス」とは「誰でもない」のことで、「誰にもやられてない」という意味になっていたから**です。

わざと偽名を使っていたところは、さすがギリシア一の知将といえますが、このことで海神ポセイドンの怒りを買いました。ポリュフェモスはじつはポセイドンの息子だったのです。オデュッセウス一行は島を出ると、**海神の妨害にあい、部下は一人また一人と消えていき、12隻あった船は、ついに残り1隻となりました**。

王の弓を操る乞食が出現

魔女キルケが住むアイアイエ島では、部下たちが動物に変身させられてしまいます。

オデュッセウスは魔除けの薬草を使ってキルケに接近し、部下をもとの姿に戻してもらって難を逃れました。

また、その美しい歌声を聞いたら殺されるというセイレン（人間の女性の顔と鳥の身体の怪物、人魚の原型）の島に近づいたときには、部下に耳栓をして切り抜けました。自身は歌声を聞きましたが、身体を帆柱にくくりつけて助かりました。

さらにトリナキエ島では、部下が太陽神ヘリオスの飼う牛や羊を食べてしまったため、怒ったヘリオスがゼウスに訴え、雷霆（らいてい）が落とされ、**最後の船が粉砕します**。ここで部下たちも失いました。

オデュッセウスは漂流し、オギュギエ島でニンフのカリュプソに助けられ、7年の歳月を過ごし、それからバイアケス人の住む島でナウシカア王女の寛大な援助を受け、故国イタケに送り届けられます。ちなみに、このナウシカア王女が宮崎駿監督の『風の谷のナウシカ』のモデルです。

すでにトロイア出航から10年、イタケを出航してからは20年が過ぎていました。島ではオデュッセウス王は死んだとされ、妻ペネロペイアのもとには連日大勢の求婚者が押しかけていました。ペネロペイアは理由をつけては返事を引き延ばしていました

英雄オデュッセウスの足取り

故郷イタケまで複数の島を渡っていく帰還物語

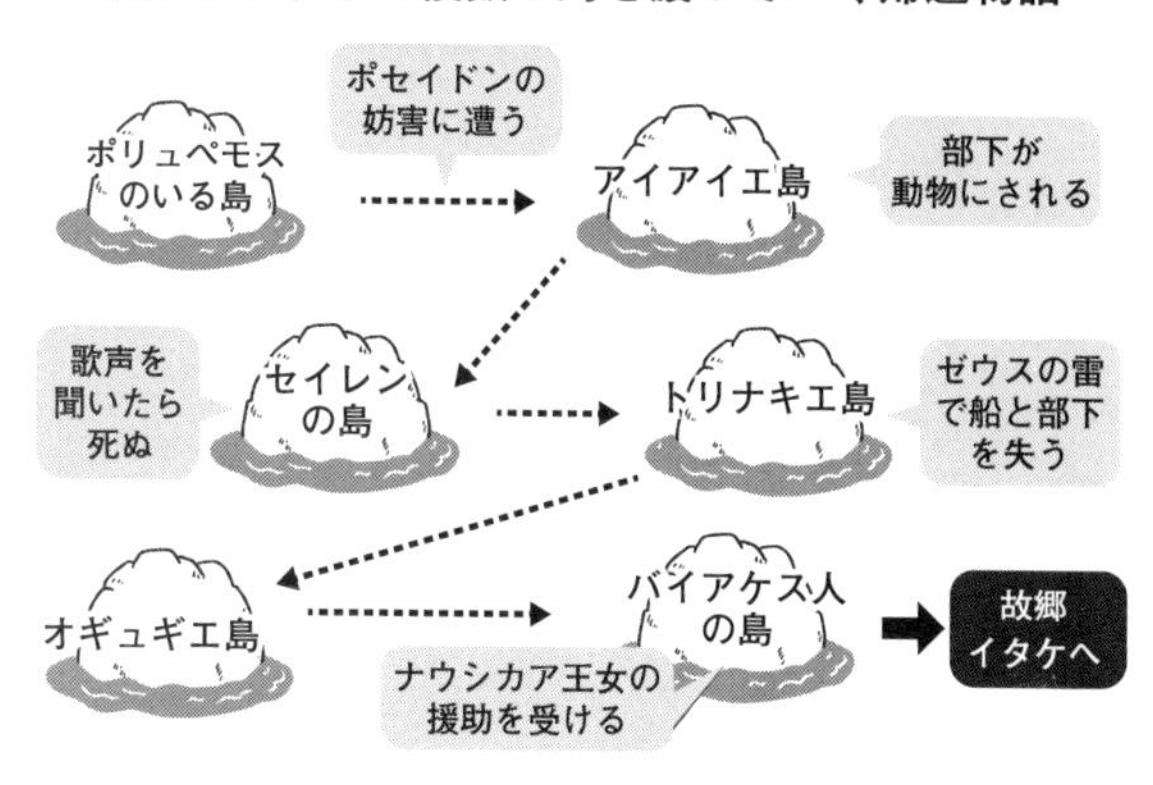

が、それも限界となります。そこで、**「王の弓で、12の斧の頭の穴を射抜いた者と結婚しましょう」**と、弓矢の競技会を開きます。

求婚者たちは嬉々として挑戦しました。が、だれも射抜くことができません。それどころか弓が強すぎて、矢をつがえることさえできません。

そこに**一人の乞食があらわれ、軽々と弓をつがえると、鮮やかに12の穴を射抜いてみせました。**

そう、それがオデュッセウスでした。彼は求婚者たちを皆殺しにし、王位を取り戻すと、ペネロペイアとの再会の喜びをかみしめたのです。

ゼウス

【最高神にして随一の好色家】

ティタノマキアでの英雄的な活躍から、文句なしで「最高神」の座を手にしたのがゼウスです。ゼウスは、全知全能で威厳に満ちた存在ながら、じつは**その本性は、生粋のプレイボーイ**でした。

はじめの妻は、ティタン神族の女神メティスでしたが、彼女の産む子が自身を脅かすという予言を知って、彼女を呑み込んでしまいました。次にティタン神族の女神テミスを妻としますが、**移り気な性格のため美しい女神ヘラに心惹かれます**。

ゼウスは寒さで震えるカッコウに変身し、ヘラの気を引くと、抱き寄せてもらったところでプロポーズ。ヘラを正妻に迎えました。

ところが、「結婚したら浮気しない」と誓っておきながら、**ヘラに隠れて不倫を重ねます**。

白鳥に変身してスパルタ王の妻レダを誘惑したかと思えば、白い雄牛に変身してテュロスの美しい王女エウロペと交わりました。気に入った女神やニンフ、人間の女性と次々と関係を結びます。その都度、嫉妬に狂ったヘラが浮気相手やその子供たちに過酷な運命を授けることになりました。

ただ、ゼウスが浮気性だったからこそ、神々の子孫の繁栄があったことも事実です。

1680年にスミルナにて発見されたゼウス像

アフロディテ

【結婚後も恋愛に生きた美の女神】

天空の神ウラノスが息子クロノスによって男性器を切り落とされたとき、そこにまとわりつく泡から生まれたのが美の女神アフロディテです。誕生の逸話からして、この女神には性的で官能的な雰囲気が漂います。もともとはメソポタミアのイシュタル（P177）など、**豊穣・多産を司るオリエントの女神に由来する外来の女神**とされます。

アフロディテは、女神ヘラの命によって醜い顔の鍛冶の神ヘパイストスと結婚させられました。すると、それが不満だったのか、貞節を守ることなく、たくましい軍神アレスを愛します。

あるとき、2人がベッドに入ると、突然網に捕らわれ、気がつくと裸のまま神々の前に晒されていました。妻の不倫を知ったヘパイストスが仕掛けた罠にまんまとはまったのです。アフロディテはこれに懲りず、今度は若き美少年アドニスに熱を上げ、冥界の女王ペルセポネと奪い合いになります。１年の３分の１はアドニスと過ごせるようになりますが、アドニスは凶暴な猪（いのしし）に襲われます。ペルセポネの告げ口を聞いて嫉妬したアレスが送りつけたものでした。

女神の自由恋愛は大きな代償を伴ったのです。

有名な「ミロのヴィーナス」。アフロディテはローマ神話に受け継がれてヴィーナスとなった（© Sailko and licensed for reuse under Creative Commons Licence）

アポロン

【多芸多才な美しい太陽神】

ゼウスを父にもち、医学や数学、音楽などマルチな才能に恵まれた太陽神アポロン。その甘いルックスと相まって、神々のなかでも一番人気のアイドルといえます。そんなアポロンですが、**じつは嫉妬深く、短気で荒々しい面がありました**。

牧神パンとの演奏対決では、パンの勝利を言い張ったミダス王の耳を「ロバの耳」にし、半人半獣のマルシュアスとの演奏対決では、負けたマルシュアスを生きたまま皮剥ぎの刑に処しました。

恋人コロニスが別の男といっしょにいると伝令役のカラスから聞いたときは、すかさず銀の矢を放ちました。ところが、矢は誤ってコロニスの胸を突き刺し、絶命させてしまいます。自分が悪いのですが、アポロンは腹いせに白かったカラスの羽根を黒く塗ってしまいました。カラスの羽根が黒いのは、アポロンの仕業だったのです。

意外にも恋愛運はありません。愛の神エロスから恋をする矢を打たれ、ニンフのダフネに求愛しますが、ダフネは恋を拒む矢を打たれていたので、必死に逃げ惑い、ついには月桂樹に姿を変えてしまいました。**アポロンがいつも月桂樹の冠をしているのは、ダフネへの未練からだった**のです。

「アポロンとダフネ」像（ジャン・ロレンツォ・ベルニーニ／1622-1625年）

アテナ

【ゼウスも畏れた美しい戦いの女神】

アテナ（紀元前２世紀？／ルーブル美術館所蔵）

アテナは、強さと美しさ、それに知性を兼ね備えた戦いの女神です。父ゼウスでさえ、アテナが生まれる前からその実力を恐れていました。

ゼウスは、最初の妻メティスがアテナを身ごもったとき、メティスを呑み込んでその出産を防ごうとしました。ところが、**アテナはゼウスの体内で成長しつづけ、ヘパイストスがかち割った額から武装した姿で誕生した**のです。

アテナは勝負事で強さを発揮しました。アテナイの守護神の座をめぐる争いでは、実力者の叔父ポセイドンに勝利しました。また、自分より優れた存在は容赦なく排除しました。機織りの腕を自慢する娘アラクネは蜘蛛にし、美しさを自慢したニンフのメドゥサは怪物にしてしまいました。

恋愛には興味がなく、結婚はしていません。ただ、ヘパイストスとの間に蛇身の息子エリクトニオス（のちのアテナイ王）をもうけています。

【多くの信者を集めた酒の神】
ディオニュソス

ディオニュソス（2世紀？／ローマ国立博物館所蔵）

酒の神ディオニュソスの生い立ちは過酷です。母はテバイの王女セメレです。彼女がゼウスとの間にディオニュソスを身ごもったとき、**嫉妬したヘラの策略によって焼き殺されてしまいます**。ゼウスは、胎児だったディオニュソスを取り上げ、自分の太ももの内側で育て、改めて誕生させました。ここから、**「二度生まれし者」**の意味で「ディオニュソス」の名がつきました。誕生直後にヘラに八つ裂きにされますが、祖母レアが救い、その後は女子やヤギの姿で身を隠しました。

大人になると、強烈な陶酔をもたらす美酒を使って狂喜乱舞のいかがわしい祭りを各地で開き、多くの信者を集めました。その多くは女性で「マイナデス（狂女）」とよばれました。儀式を禁止にした王を八つ裂きにするほど狂信的でした。

そんなディオニュソス祭ものちに演劇祭に発展したので、演劇の神としても崇拝されています。

第2章 いちばんやさしい北欧神話

北欧神話とは何か？

【最終戦争に連なる神々の物語】

No.1

キリスト教以前の古代ゲルマン人の神話

北欧神話は、神々や巨人たちの熾烈な戦闘を中心とした物語です。さまざまな武器や魔法、知恵を駆使した戦いが繰り広げられるため、漫画やゲームの題材になりやすく、近年は日本でも広く認知されるようになりました。

では、北欧神話はどの民族の神話かというと、**北欧に住むゲルマン民族のもの**になります。現在の地図でいうと、ノルウェー、スウェーデン、デンマーク、アイスランドになります。フィンランドも北欧にあたりますが、言語も民族も違うため、北欧神話文化圏には入りません。

もともとゲルマン民族には多くの部族がいました。居住地も北欧に限りませんでのした。世界史の教科書にもあるように、古代ゲルマン民族には、東ゲルマン人、西ゲルマン人、北ゲルマン人、東ゴート人、西ゴート人、ノルマン人などがいて、**ヨーロッパの広範囲にちらばっていました**。

それが375年、中央アジアの遊牧民フン族の圧迫をきっかけに、ゲルマン諸部族がローマ帝国領内に流入する「ゲルマン民族の大移動」が起きます。ここからゲルマン人がヨーロッパの覇権をにぎるのですが、それと同時に、ゲルマン人のローマ化が進みました。つまり、ローマ帝国の国教であるキリスト教に改宗し、民族が守ってきた信仰が捨てられたのです。こうして代々伝えられてきた貴重な神話が忘れ去られていったのです。

幸い、**ゲルマン民族のなかでも北欧にいたノルマン人だけはキリスト教の影響をほとんどうけることなく、自分たちの神話や伝承を守ることができました**。それが「北欧神話」としていまに伝えられている、ということになります。

北欧以外でも、ごく一部はその伝承を受け継いでいます。その1つが、ドイツに伝わる叙事詩『ニーベルンゲンの歌』です。これは竜殺しの英雄ジークフリートの悲劇ですが、ジークフリートは北欧神話の英雄シグルズとほぼ同一と考えられています。

ちなみに、19世紀ドイツの作曲家ワグナーが発表した楽劇四部作『ニーベルングの指環』のモチーフが、『ニーベルンゲンの歌』です。

2つの「エッダ」が伝える

古代ゲルマン人は、文字をもちませんでした。神殿や神像もつくっていません。神話は口伝で断片的に語り継がれるだけでした。

北欧神話が文献の形になったのは遅く、**9世紀以降**のことです。それが『エッダ(edda)』とよばれるものです。『エッダ』には、「古エッダ」と「新エッダ」の2種類があります。

「古エッダ」は、9世紀から12世紀の吟遊詩人がうたった**神話詩や英雄詩、教訓詩**など約40編からなります。別名「韻文エッダ」といいます。「新エッダ」は、13世紀のアイスランドの歴史家で政治家のスノリ・ストルルソンが、**北欧の伝承を拾い集めて整理し、解釈をつけたもの**です。別名「散文エッダ」といいます。

「古エッダ」と「新エッダ」には一致しない点もありますが、重ね合わせることで一

北欧神話がまとめられるまで

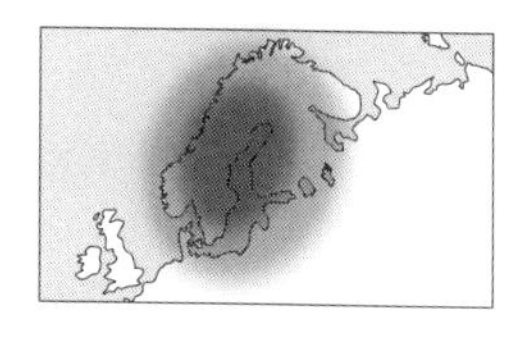

北欧に住んでいた
ゲルマン人の物語
(＝ノルマン人)

キリスト教の影響を受けず
独自の伝承が守られた

9世紀　『エッダ』という文献の形になる

『古エッダ』
吟遊詩人が唄った
詩からなる
(9〜12世紀)

『新エッダ』
歴史家が伝承を
集め整理したもの
(13世紀)

貫性のある物語があらわれます。そのため北欧神話では、この2つの「エッダ」を根本資料としています。

神々は巨人と戦う英雄

北欧神話には、**ヴァン神族**と**アース神族**が登場します。両者の争いの末、実質的にアース神族が勝利し、覇権をにぎります。

このような神族間の戦いは、ほかの地域の神話にも見られるパターンです。日本神話では天つ神と国つ神、ギリシア神話ではティタン神族とオリュンポス神族、古代インドのヴェーダ神話の初期ではテーヴァ神族とアスラ神族の争いがあります。世界の均衡は2つの勢力の衝突を経て生まれる、というのが神話の定石となっているのです。

　また北欧神話では、神々と対立するグループとして巨人族が登場します。巨人族には、嵐と岩の巨人族や火の巨人族、霜の巨人族などがいて、ことあるごとに神々との戦いになります。古代ゲルマン人にとって、北欧の厳しい自然環境は大きな脅威でした。その**厳しい自然が巨人族となってあらわれている**のです。巨人族と戦いつづける神々は、もはや英雄的な戦士といえるでしょう。ときには、命を落とすこともあります。神々が不死の存在ではないことは、北欧神話の大きな特徴の1つです。

ヴァルハラを夢見て戦う戦士たち

　では、北欧神話の世界がどのようにできているのかを見ておきましょう。

　まず、この宇宙を貫くように、**巨大なトネリコである世界樹「ユグドラシル」**がそびえ立ちます。ユグドラシルには「天上」「地上」「地下」の3層があり、さらにそれぞれの層のなかも細かく枝分かれしています。

「天上」には、アース神族が住む**「アースガルド」**、ヴァァン神族が住む**「ヴァナヘイ

ム」、光の妖精が住む**「アールヴヘイム」**があります。「地上」には、人間の世界**「ミドガルド」**、巨人族の国**「ヨツンヘイム」**、小人の国**「スヴァルトアールヴァヘイム」**、火の国**「ムスペルヘイム」**があります。そして「地下」には、霧の国**「ニヴルヘイム」**と、死者の国**「ヘル」**があります。このように北欧神話では、ユグドラシルを母体に9つの世界が存在することになります。

最高神オーディンの宮殿**「ヴァルハラ」**についてもふれておきましょう。

ヴァルハラとは、**地上の戦場で勇敢に戦い命を落とした人間の戦士が住むことを許された壮麗な宮殿**のことです。女戦士ヴァルキューレが、ヴァルハラに住むのにふさわしい戦士を選別して連れてきます。これは最終戦争「ラグナロク」(後述)に向けた、兵力増強の仕組みなのですが、ときにはまだ死んでもいない勇者を殺して、宮殿に連れてくることもあるといいます。

ヴァルハラに入ると、戦場での傷はすべて癒えます。昼は厳しい稽古、夜は宴会の毎日です。宴会では、魔法の猪のシチューとヤギの乳房からでる蜜酒が無尽蔵に供されました。このヴァルハラの戦士のことは、「エインヘリヤル(英雄的な死者たち)」とよびました。**ゲルマンの戦士たちは、このエインヘリヤルになることを夢見て勇敢

北欧神話の世界観

ヴァルキューレに選ばれた戦士は
ヴァルハラで巨人との最終戦争（ラグナロク）を待つ

に戦ったわけです。

すべては最終戦争に向けた物語

北欧神話では、「はじまりの物語」である創世神話よりも、**「終わりの物語」である最終戦争「ラグナロク」に重点がおかれています。**ほとんどのエピソードが、ラグナロクにつながっているのです。これも北欧神話の特徴の1つです。

物語の流れを見てみましょう。

この宇宙の最初にユミルという巨人が誕生し、ユミルの脇の汗から次々と巨人が生まれました。この原初の巨人を**「霜の巨人」**といいます。

一方、ユミルとともに生まれた雌牛アウズフムラが塩辛い霜の石をなめていると、しだいに人の形となり、最初の神ブーリが生まれました。ブーリの息子ボルが巨人族の女と結婚し、オーディン、ヴィリ、ヴェーの三兄弟が生まれます。

やがてオーディンたちは、巨人族の傲慢で邪悪な性格を嫌悪し、ユミルを殺害します。するとユミルの体から流れ出た血が大洪水を引き起こし、多くの霜の巨人が溺死します。ユミルの孫のベルゲルミルとその妻だけは大洪水を生き残り、巨人族を復興させます。霜の巨人族のほか、山の巨人族、炎の巨人族などが生まれ、神々の脅威となります。

アース神族を率いるオーディンは、ライバルのヴァン神族との戦争に勝ったあと、知恵を求めて旅に出ました。そのとき、光の神バルドルから「神々の最期＝ラグナロク」の予言をうけます。

予言の通り、天変地異が起こります。**神々と巨人族は最終戦争を繰り広げるなか、世界樹ユグドラシルの炎に巻き込まれる形でみな死に絶えました。**しかし、ユグドラシルは滅びることなく、樹に隠れていた人間の夫婦リーヴとリーヴスラシルだけは生き延びました。世界再生の予感を残して物語は終わります。

【神話の名場面①】

神々が激突したヴァン戦争

No.2

魔法でミミルの知恵を復活

北欧神話の主役は、アースガルドに住む**アース神族**です。このアース神族とライバル関係にあるのが、**ヴァナヘイムに住むヴァン神族**です。ヴァン神族に関する伝承はあまり残されていませんが、アース神族よりも古い世代の平和的な神々とされています。

このヴァン神族とアース神族の対立が激化し、戦争に発展しました。アース神族の最高神オーディンがヴァン神族の女神グルヴェイグを槍で傷つけたこと、またはグルヴェイグの魔法によってアース神族が侮辱されたことが原因とされます。

はじまったヴァン戦争は、**武力で押し切ろうとするアース神族に対し、ヴァン神族は魔法を駆使して抵抗**しました。両者とも多大な犠牲を出しながら、先の見えない激しい戦闘がつづきました。

やがて、互いに和平を模索するようになり、人質交換をもって終戦とすることになります。

ヴァン神族が人質として差し出したのは、彼らの最高神ニョルズと、その息子のフレイと娘のフレイヤ、それに賢神クヴァシルでした。考えうる限り最高の人質を用意しました。ところが、アース神族が差し出したのは、**オーディンの兄弟であるヘーニル**と、**知恵者として名高いミミル**でした。ミミルはともかく、ヘーニルは血筋がよいだけで、なんの役にも立たない無能の神でした。見かけ倒しの神に騙されたと気づいたヴァン神族は、報復としてミミルの首を斬り落とし、アースガルドに送りつけると、それ以降、ヴァナヘイムに閉じこもってしまいました。

オーディンは、ミミルの首に薬草で防腐処理をほどこし、魔法によって会話する能力を与え、世界樹ユグドラシルの根元において知恵の泉の番人としました。ミミルを復活させたのです。

アース神族にしてみると、無能のヘーニルを追放し、ミミルの知恵を使えるようにしたので、人質交換による痛手はほとんどありません。実質的にヴァン神族に勝利し

アース神族とヴァン神族の対立

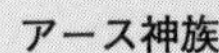

和平のために人質交換を行う

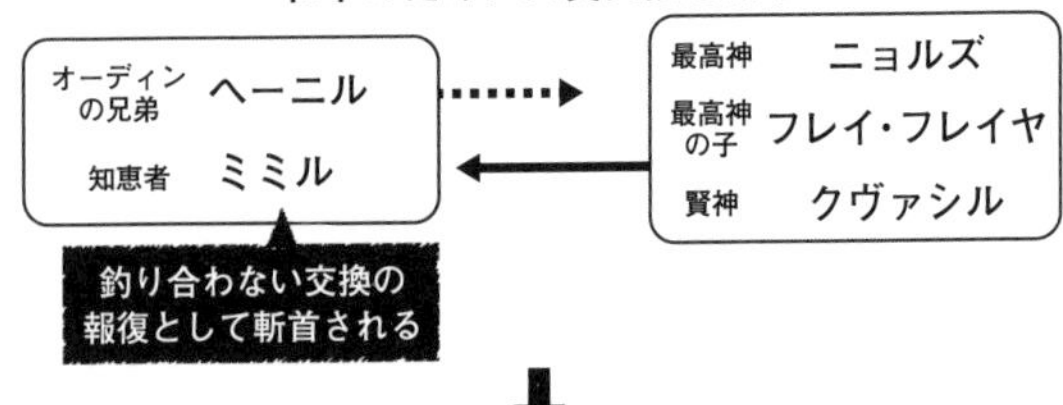

堅固な城壁を手に入れたうえ、巨人族をたおす

たといえるのです。

女神フレイヤを狙う石工の正体は？

　とはいえ、戦禍の跡は激しく、アースガルドの城壁は完全に破壊されていました。そこでオーディンは、城壁をより強固につくり直すため、一人の腕のいい石工を見つけてきました。

　石工は城壁の再建を引き受けますが、**その見返りとして、フレイヤとの結婚と、太陽と月を求めてきました。**フレイヤは、ヴァン神族から人質としてもらいうけた美しい豊穣の女神です。

　オーディンは、そこまで度を越した

報酬を払うつもりはないので、「城壁を半年間でつくる」という条件をつきつけました。すると石工は、「魔の馬スヴァディルファリを使えばできます」と言って、仕事に取り掛かりました。

オーディンは、「たとえ魔の馬を使っても、半年では城壁はできるわけがない」と安易に考えていましたが、なんと石工は、期日の３日前には城壁をほぼ完成させてしまいました。

焦ったオーディンは、知恵者の悪神ロキに相談しました。変身の術にたけたロキは、雌馬に変身して石工の魔の馬を誘惑しました。すると馬の働きを失った石工の工事はとどこおり、城壁は期日を迎えても完成することはありませんでした。

オーディンたちの妨害工作を知った石工は、本性をあらわします。**石工の正体は、霜の巨人だった**のです。巨人は、アース神族から女神と太陽と月を奪うつもりでした。巨人は猛攻を仕掛けてきますが、アース神族の雷神トールが魔法の鉄槌(てっつい)ミョルニルでその頭を打ち砕いて、たおしました。

こうしてアース神族は、当初の目論見通り堅固な城壁を手に入れました。両者の騙し合いは、アース神族が一枚も二枚も上手だったのです。

【神話の名場面②】

魔法の指輪と英雄シグルズの悲恋

No.3

呪いをかけられた魔法の指輪

北欧神話のなかでも人気の英雄シグルズ（ジークフリート）の物語は、**ある魔法の指輪**を手にするところからはじまります。では、その魔法の指輪はどこから来たのでしょうか？

あるとき、最高神オーディンと悪神ロキ、オーディンの兄弟神ヘーニルの3人が、人間の世界を旅していました。夜に農場の宿に泊まり、ロキが旅の途中で仕留めたカワウソの肉を宿代として差し出しました。すると、それを見た農場主フレイドマルが突然、怒りだしました。じつはフレイドマルは魔法使いで、彼の3人息子のファーヴニル、オッタル、レギンも魔法使い。ロキが仕留めたものは、カワウソに変身したオッタルだったのです。

息子を殺されたフレイドマルは、魔法の力でオーディンたちをあっという間に縛り上げました。困り果てたオーディンたちは、**賠償金で許してもらうことにし、ロキが黄金探しに出かけました。**

ロキは地下世界に下り、小人アンドヴァリを脅して大量の黄金を手に入れます。するとアンドヴァリは復讐にでて、黄金に紛れていた魔法の指輪アンドヴァラナウトに**「指輪をはめた者は必ず破滅する」**という恐ろしい呪いをかけました。

ロキはフレイドマルに黄金を納め、オーディンらを解放します。こうしてフレイドマルが魔法の指輪の持ち主となりますが、呪いの通り、彼は指輪に目がくらんだ息子ファーヴニルに殺されてしまいます。そして指輪を手に入れたファーヴニルの命も、今度は弟レギンによって狙われます。ここで登場するのが、英雄シグルズです。

名剣グラムをもつ竜殺しの英雄

シグルズはオーディンの血筋にあたりますが、レギンの養子として育てられていました。立派な青年に成長したシグルズは、レギンから竜殺しを命じられます。**その竜こそ、レギンの兄ファーヴニルでした。**ファーヴニルは竜の姿に化け、森のなかで黄金と指輪を守っていたのです。そんな事情も知らないシグルズは、**名剣グラムで竜の心臓を突き刺し、指輪を手に入れました。**この逸話から、シグルズは「竜殺しの英雄」と称えられるようになりました。またこのとき、竜の血を浴びて不死身になったという説もあります。

その後、レギンが自分の命を狙っていることを鳥のシジュウカラから聞いたシグルズは、寝ている隙を狙ってレギンの首を斬り落としました。

シグルズは旅に出ます。その手にはもちろん、魔法の指輪がはめられていました。旅の途中、炎の壁に囚われたブリュンヒルドと出会います。ブリュンヒルドは、オーディンに仕える美しいヴァルキューレですが、死すべき運命の王に勝利をもたらしてしまった失敗から、罰として炎の壁に封じ込められていました。

シグルズは彼女を救いだし、恋に落ちた2人は結婚を誓いました。ところが、シグルズは人間の王女グズルーンから求婚をうけたので、断ったところ、王女から「忘れ薬」を飲まされてしまいます。ブリュンヒルドの記憶を失ったシグルズは、グズルーンと

英雄シグルズの悲しき恋

竜と養父を殺し、「魔法の指輪」を手に入れたシグルズ

↓

ヴァルキューレのブリュンヒルドを救い、結婚の約束をする

↓

人間の王女の罠にはまり、ブリュンヒルドに殺される最期を迎える

結婚。さらには、グズルーンの兄とブリュンヒルドの結婚話まで進めてしまいます。**ブリュンヒルドはシグルズの裏切りと仕打ちに逆上し、彼の命を奪いました。**のちに真相を知った彼女は絶望し、自死を遂げました。

こうして恐ろしい指輪の呪いは、若い英雄とその恋人の命を奪ってしまったのです。

シグルズ（ジークフリート）の伝承は、13世紀のアイスランドのサガ（伝説物語）や『古エッダ』、ドイツの『ニーベルンゲンの歌』が伝えるものです。ゲルマン世界では早くから知られ、6世紀頃のアウストラシアの王シギベルト1世とその妃ブルンヒルドがモデルになったとする説もあります。

【神話の名場面③】
名コンビ、悪神ロキと雷神トールの冒険

No.4

雷神トールが花嫁に扮す

オーディン配下の神々のなかでも異彩を放つのが、狡猾な**悪神ロキ**と乱暴者の**雷神トール**です。この2柱はなぜか相性がよく、さまざまな冒険を共にしました。なかでも、トールの**魔法の鉄槌(てっつい)ミョルニル**をめぐる逸話が有名です。

あるときロキが、悪戯でトールの妻シヴの美しい金髪を切り、丸坊主にしてしまいました。これに怒ったトールは、妻の髪をもとに戻すようにロキに詰め寄りました。あわてたロキは、道具づくりが得意な小人たちに金糸のカツラをつくらせ、さらに魔法の鉄槌ミョルニルも手に入れ、トールに贈りました。これでなんとか仲直りしまし

た。

トールはミョルニルをたいへん気に入りますが、**霜の巨人スリュムによって盗まれてしまいます**。スリュムは「フレイヤと結婚できるなら返してやる」と言いますが、神々のなかでももっとも美しいフレイヤが受け入れるはずがありません。

するとロキが、突飛なアイデアを思いつきます。トールに花嫁衣装を着せフレイヤに変装させるというものです。厳つい身体のトールではすぐにバレそうですが、実際にやってみると、スリュムはすっかりフレイヤだと信じ込みました。

上機嫌のスリュムはご馳走を並べて歓待しました。ところが、ご馳走を前にしたトールは空腹をがまんできず、雄牛1頭と蜜酒3樽分を口のなかに流し込んでしまいました。

ロキがすかさず「新婦は長旅でお腹がすいている」とごまかしてやりすごし、やがてスリュムは約束通りミョルニルを差し出し、花嫁の膝のうえにおきました。その瞬間です。**トールは花嫁衣装を脱ぎ捨て正体をあらわし、手にしたミョルニルで宴席にいた霜の巨人たちを次々に撲殺しました**。こうして2柱は、絶妙なコンビネーションで武器を取り戻しました。

光明神バルドル殺しでコンビ解消

そんなロキとトールの仲も、ロキの無用な気まぐれによって終わりを告げます。オーディンと女神フリッグのあいだに生まれた息子に、美しく聡明な光明神バルドルがいました。バルドルはあるとき、災いがやってくるという不吉な夢を見ます。バルドルを愛する神々は、彼を不死身の身体にすることにします。母フリッグが、9つの世界をあまねくめぐり、すべての生物と無生物から「彼の体に傷をつけない」という約束を取り付けました。ところがこのとき、**ヤドリギ（宿り木）と契約することを忘れていました**。

バルドルが不死身になったことを神々は祝福しますが、ロキだけは苦々しく思っていました。ロキは、フリッグがヤドリギとだけ契約を結んでいないことを知ると、**盲目の神ホズにヤドリギをわたし、バルドルにむけて思い切り投げさせました**。すると、細く小さなヤドリギが身体を貫通し、バルドルは命を落としました。

母フリッグの懇願をうけ、冥界の女王ヘルが、「世界中がバルドルのために涙を流すなら、復活をゆるしましょう」と告げます。しかし、ロキだけが涙を流さず、復活

神々も巨人族もかき乱すロキの悪行

1　魔法の鉄槌ミョルニルを巨人から取り戻すため雷神トールに女装をさせる

2　光明神バルドルに弱点のヤドリギを投げて殺す

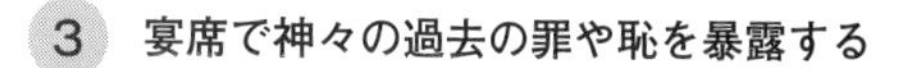

3　宴席で神々の過去の罪や恥を暴露する

オーディンたちの怒りを買い、地下送りになる
それ以降、神々と敵対する

は実現しませんでした。それでも神々は、ロキの罪を追及しませんでした。

するとﾞ**図にのったロキが、ある日の宴席で、神々の過去の罪や恥辱を一人ずつ暴きたてるという愚行にでます。**これにはオーディンたちの堪忍袋の緒が切れ、ロキを捕えて地下世界の巨大な岩に縛りつけ、頭上から毒ヘビの毒液を永遠に浴びるという過酷な罰を与えました。ちなみに、地上で地震が起きるのは、ロキが毒液を浴びて苦痛のあまり身をよじるためといわれています。

こうしてロキとトールの蜜月は終わりを告げ、そればかりか、ロキは完全に神々の敵となりました。ラグナロクでは、鎖を解かれたロキが冥界の勢力をしたがえて神々と戦うことになります。

No.5

【神話の名場面④】

ラグナロクで世界は滅亡する

魔物3兄弟の封印が解かれる

北欧神話のクライマックスは、神々と巨人族が激突する最終戦争「ラグナロク」です。きっかけは光明神バルドルの死でした。ロキの悪意によって光明神がいなくなると、**太陽の光が弱くなり長い冬が訪れます**。霜の害が蔓延し、地震が頻発しました。すると、神々が恐れていたことが起きます。地下世界にしばられていたロキの鎖が解け、これを合図に**魔物の3兄弟が出現**しました。巨狼フェンリルと大蛇ヨルムンガンド、冥界の女王ヘル（下半身が黒く腐敗した女）です。

この魔物たちは、ロキと霜の女巨人アングルボザとのあいだに生まれたものでした。神々は、魔物たちがいずれ世界の脅威になることを知って、排除しました。ヨルムンガンドを氷の海に閉じ込め、ヘルを地下世界に送り込み、冥界の管理者にしました。そしてフェンリルは、はじめはふつうの狼のように見えたため神々が管理していましたが、「オーディンはフェンリルによって滅ぼされる」という予言をうけ、魔法の紐グレイプニルでしばりつけ地中深くに封印しました。

しかし、いまやこの魔物たちが地上に解き放たれ、神々への恨みをはらすべくアースガルドに攻め上がってきます。するとこれにつられるように、霜の巨人たちが死者の爪でつくられた船に乗って押し寄せ、火の国ムスペルヘイムの炎の巨人スルトルもうごめきはじめました。見張り番のヘイムダルは、この不穏な動きを察知し、**角笛ギャラルホルンを吹き鳴らし、世界に「ラグナロク」の到来を告げました。**

神々と戦士たちは、ヴィグリードの平原に集結し、悪の軍勢を迎え撃ちます。その中心には、金の鎧に身を包んだオーディンがいました。

勝者なき巨人と神々の死闘

オーディンは先陣を切って巨狼フェンリルに立ち向かいます。フェンリルは、太陽と月を呑み込み、さらに口をあけて全世界を呑み込もうとしていました。オーディンはこれを食い止めようとしますが、逆に巨狼に呑み込まれてしまいます。**予言は現実のものとなってしまうのです**。この惨劇を目にしたオーディンの息子ヴィダールは、フェンリルに飛びかかり、喉を掻き切って父の仇を討ちました。これも予言通りのことでした。

雷神トールは、大蛇ヨルムンガンドに飛びかかります。大蛇はトールの体に巻きつき、絞め殺そうとしますが、トールはミョルニルで懸命に抵抗し、大蛇の頭蓋骨を真っ二つに打ち砕きました。ところがその拍子に大蛇の口から吐かれた毒液をあびて、トールも命を落としてしまいます。

一方、ヘイムダルはロキとの一騎打ちを演じます。かつてヘイムダルは、女神フレイヤの大切な首飾りをロキから奪い返したことで、ロキの恨みを買っていました。因縁の両者は、激しく剣を交えますが、さいごは相打ちとなりました。

さて、神々や巨人の屍が次々と折り重なるなか、炎の巨人スルトルが豊穣神フレイをたおしたことに興奮し、炎の剣を頭上高く投げ飛ばしました。剣は戦場の真ん中に突き刺さり、炎が燃え広がり、あっという間に世界樹ユグドラシルに燃え移りました。

神々と巨人族の最終戦争「ラグナロク」

ヘイムダルがギャラルホルンを吹き、「ラグナロク」の到来を告げる

オーディン	VS	巨狼フェンリル
トール	VS	大蛇ヨルムンガンド
ヘイムダル	VS	ロキ

世界樹ユグドラシルが燃え世界は滅亡

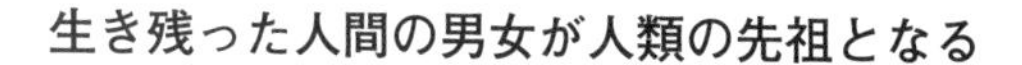

9つの世界すべてが炎に包まれ、ゆっくりと海に沈み、世界は滅亡しました。

しかしやがて、新しい大地が海から姿をあらわし、美しい緑に包まれます。幸い、オーディンの息子ヴィダールやトールの息子ら次世代の神々が生き延びていて、**復活した光明神バルドルとともに世界を再生していきます。**一方、ユグドラシルにかくれて無事だったリーヴとリーヴスラシルという人間の男女は、新しい人類の先祖となります。

こうして悪の消滅した世界において、永遠に平和で幸福な黄金時代が訪れるのです。

オーディン

【魔術と知恵を手にした最高神】

アース神族の最高神であるオーディン。最初の神ブーリの息子ボルと女巨人ベストラを両親にもち、バルドルやトール、ティール、ヘイムダルといった優れた神々の父にあたります。

オーディンは隻眼の老人として描かれますが、これには理由があります。**世界樹ユグドラシルの根元にある知恵の泉ミミルの水を飲んで知恵と魔術を会得する代わりに、片目を捧げた**からです。

このほかにもオーディンは、ユグドラシルの樹で首を吊り、愛用の槍グングニルに突き刺され、9日9夜、最高神である自分自身に捧げることで、ルーン文字の秘密を手にしました。

最高神にふさわしい数々の能力は、肉体的代償によって獲得したものだったのです。

オーディンの特徴的なアイテムには、片目であることを隠すためのつばの広い帽子や、9夜ごとに8つの同じ腕輪をつくりだす黄金の腕輪ドラウプニルなどがあります。両肩にはフギン（思想）とムニン（記憶）とよばれる大カラスがとまり、8本の足をもつ神馬スレイプニルを所有しました。このスレイプニルにまたがり天空から冥界まで疾走することで、絶えず世界を監視しました。

ミミルの泉の水を飲むオーディン
（Robert Engels 画／1902 年）

【神々を翻弄するトリックスター】

ロキ

ロキは、知恵者ですが悪戯好きのトリックスターです。**巨人族に生まれながら、オーディンと義兄弟の契りをかわし、アース神族の一員となりました。**ロキが「炎」を意味することから、もともとは火の悪霊だったという説もあります。

ロキは小人の力を借りて神々に多くの武器をもたらしました。オーディンの愛馬スレイプニルも、雌馬に化けたロキが魔の馬スヴァディルファリ（P75）と交わって生まれたものです。

一方でロキは、平気で神々を裏切ることがありました。たとえば、霜の巨人シアチに命じられるまま、若さの源であるリンゴとそれを管理する女神イズンの強奪を手伝っています。リンゴを失ったことで神々はみるみる衰弱しました。すぐに奪い返し事なきを得ましたが、ロキの無分別な行動はたびたび神々の頭痛の種となりました。

神話のトリックスターは、ときに「破壊者」となり、創造のきっかけをつくります。

その意味で、ロキがラグナロクを誘発したのは当然といえます。また、神々の仲間から敵に転じている姿は、天界を追放されたキリスト教の堕天使ルシフェルを想起させるものがあります。

バルドル殺害をそそのかすロキ（中央）。左端は盲目の神ホズで、ホズの持つヤドリギがバルドルを貫く
（『NKS 1867 4to』より／18世紀頃）

【最高神に仕える美しい女戦士】

ヴァルキュリー

『ワルキューレの騎行』（部分、ジョン・チャールズ・ドールマン／1909年）

オーディンの宮殿ヴァルハラに仕えるのが女戦士ヴァルキュリー（ワルキューレ）です。ヴァルキュリーとは「戦死者を選ぶ女」という意味で、その名の通り、**戦場で命を落とした戦士を選別して宮殿に連れていくことを任務としていました**。

鎧と兜で身を固め、槍と盾をもち、天馬にまたがり戦場を駆け巡るヴァルキュリー。彼女たちは、血なまぐさい殺し合いの現場にあらわれたことから、古代においては、死神や魔女、屍食鬼（ししょくき）と恐れられることがありました。

一方で、オーディン配下のヴァルハラの戦士に選ばれることは栄誉なことから、ヴァルキュリーを美しい女神や守護神として崇めることもありました。この場合、ギリシア神話の勝利の女神ニケに近いイメージがあります。

美しいヴァルキュリーの代表といえば、英雄シグルズ伝説に登場するブリュンヒルド（P78）でしょう。

【最強の戦神で庶民に愛された農耕神】

トール

鉄槌ミョルニルを持ったトール（18世紀の写本『SÁM66』より）

北欧神話最強の戦神が、雷神トールです。父は最高神オーディン。トールとは「轟く者」の意味で、2頭の黒山羊に戦車を引かせて空を駆け巡るとき、車輪の音が雷鳴となって轟きました。

金髪・赤髭の荒々しい性格の大男で、必ず敵に雷撃が命中するという魔法の鉄槌ミョルニルを愛用しました。**ギリシア神話のヘラクレスの武器の棍棒やインド神話のインドラの武器ヴァジュラがいずれも雷撃を象徴することから、これらの英雄神と重ねられることもあります**。

トールは、ミョルニルのほか、鉄の手袋や力が倍増する太いベルトを駆使し、果敢に巨人族と戦いつづけました。一方で、天候を支配し、豊作をもたらすことから、農耕神の側面もあり、農民階級からは特に親しまれました。

ちなみに、木曜日（Thursday）は「Thor's day」で「トールの日」の意味です。

フレイ

【恋の代償に武器を失った貴公子】

猪グリンブルスティと共に描かれたフレイ（19世紀）

豊穣神であり富の神、平和の神でもあるフレイ。ヴァン神族の海神ニョルズの子で、**美の女神フレイヤとは双子の兄妹になります**。兄妹は、ヴァン戦争後に人質としてアース神族に加わりました。名前のフレイとは「主人」の意味で、極めて高貴な神で、「貴公子」とも称されます。

フレイは、不思議なアイテムを数多く所有していて、冥界にも行ける黄金の猪グリンブルスティや、ひとりで戦う魔法の剣などを扱いました。ポケットにも入る伸縮自在の船スキーズブラズニルは、広げれば神々全員が乗船できました。

貴公子のイメージとは裏腹に、フレイは一目惚れした霜の巨人族の娘ゲルズを手に入れるため、召使スキールニルを使って強引に結婚の約束をさせています。しかし、その褒美として召使に魔法の剣と馬を与えたため、ラグナロクでは武器がなく、炎の巨人スルトルの前に命を落としました。

フレイヤ

【愛と美の女神であり女戦士の長】

フレイヤ（ジェームズ・ドイル・ペンローズ、1890年）

フレイの双子の妹であるフレイヤは、北欧神話でもっとも美しいとされる愛と美の女神です。キャラクター的には**ギリシア神話のアフロディテに近く、自由奔放で情熱的な女神**です。

フレイヤには、オーズという夫がいました。しかし、突然消息を絶ったため、2匹の猫が引く車に乗り、夫を探し求める旅にでました。そのときに流した涙は黄金となり、世界中にちらばったといいます。そんな夫思いのわりには、フレイヤには身持ちの悪いところがありました。美しい首飾りブリーシンガメンを手に入れるため、作り手の小人4人とそれぞれ一夜をともにしたのです。

魔術の神でもあるフレイヤは、鷹の羽衣を身にまとい、自在に空を飛びました。ヴァン神族に魔術を教えたのも彼女でした。女戦士ヴァルキュリーの長でもあり、愛人のオーディンと戦死者を分け合い、半分は自分の館に運んだといいます。

【最高神の血を引く竜殺しの英雄】
シグルズ

シグルズ（ジークフリート）は、最高神オーディンの血を引くゲルマン民族最大の英雄です。

北欧神話の英雄伝はすでに紹介しましたが（P76）、ドイツに伝わる叙事詩『ニーベルンゲンの歌』では、彼はネーデルランドの王子ジークフリートの名で登場します。武者修行の旅にでて、ニーベルンゲン族をたおし、財宝や名剣を獲得します。**竜殺しでは、魔力のこもった返り血を浴びて不死身となりますが、菩提樹の葉が張りついた背中だけは血を浴びませんでした。**やがて、ブルグント国の重臣ハーゲンの殺意を買ったとき、弱点の背中を狙われ絶命します。

世界の竜退治の神話では、製鉄や金属加工に関わる文脈で語られることが多いです。日本神話では、スサノオがヤマタノオロチから刀（草那芸剣）を取り出しました。シグルズも、剣を鍛える鍛冶屋の出身という共通点が見られます。

名剣グラムの切れ味を試すシグルズ（ヨハネス・ゲールツ、1901年）

第3章 いちばんやさしいケルト神話

ケルト神話とは何か？

No.1

【「島のケルト」が伝えた幻想的神話】

「大陸のケルト」と「島のケルト」

摩訶不思議な幻想的世界がどこまでも広がるケルト神話――。

怪しい魔術を扱う僧侶のドルイドや羽根でふわふわと飛ぶ妖精、言動が予測不能な小人などがあらわれ、人間が急に変身したり、女神が鳥の姿になって飛びまわったり、現実とはまるでかけ離れたことが次々と巻き起こります。神々は妖精の丘の下に住んでいますが、この世に自由にやってきて、人間たちとほとんど変わらない存在となり、人間と結婚することもあります。反対に人間があの世を訪れることもあります。

ケルト神話が描くこのような幻想的世界は、イギリスのトールキンの長編小説『指輪物語』（映画『ロード・オブ・ザ・リング』の原作）のもつ雰囲気にもっとも近い

「島のケルト」が語り継いだケルト神話

「大陸のケルト」が西ヨーロッパに散り散りになり、一部は海を渡ってアイルランド、ブリテン島へ

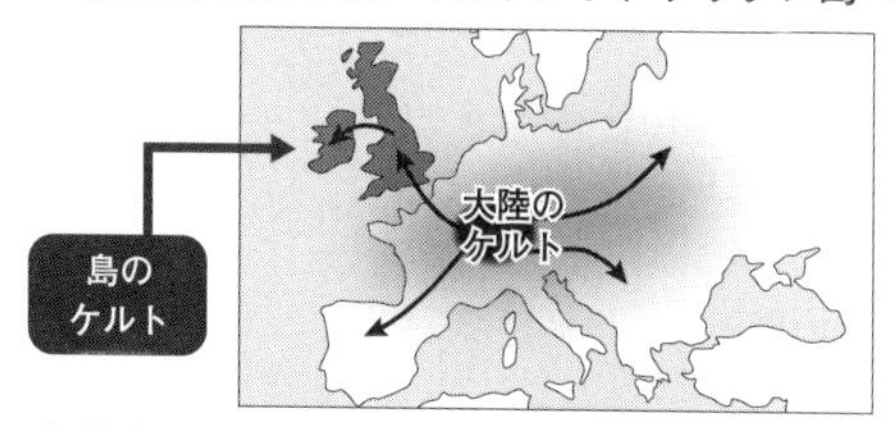

文化を受け継ぎ、ケルト神話の舞台になる

古代ケルト人は文字を持たず、ドルイド（僧侶）が物語を口承する

かもしれません。

それでは、ケルト神話はどこで、どのように生まれたのでしょうか？　ケルト神話の担い手はケルト人です。ケルト人というと、アイルランドのイメージが強いですが、**もともとはヨーロッパ東方のドナウ川上流の草原地帯あたりに住んでいました。**彼らは、身長が高く、金髪をなびかせた騎馬民族でした。

紀元前2000年頃、民族は四方に移動をはじめます。紀元前1世紀頃までには、西ヨーロッパのほぼ全域に散らばって暮らすようになったと考えられます。古代ギリシア人は、東方からやってきたこの異民族を**「ケルトイ」**

とよびました。これが「ケルト」の由来となりました。『新約聖書』の「ガラテア書」には、小アジア半島にガラテア人のことが書かれていますが、これはケルト人のことです。また、ボヘミア、ドナウ、ライン、リヨン、ロンドンといった現在使われている地名や河川名は、ケルト語起源です。こうした点からも、当時のケルト人がどれだけ広範囲に影響力を持っていたかがうかがえます。

ケルト人は紀元前4～3世紀頃に最盛期を迎えました。しかしその後、ローマ帝国やゲルマン民族の圧力をうけます。特に紀元前1世紀には、ローマの英雄カエサルのガリア侵攻にさらされ、大打撃をうけました。いわゆる**「大陸のケルト」**の営みは、こうして徐々に消滅へ向かったのです。

一方で、海を渡って難を逃れたケルト人の一団がありました。**「島のケルト」**です。紀元前5世紀頃、大陸から海を渡り、アイルランドやブリテン島に渡った「島のケルト」たちは、自分たちの文化を保持しつづけました。現在のケルト神話の源泉はここにありました。

つまり、**ケルト神話は直接的には「島のケルト」から生まれています**。物語の舞台も必然的にアイルランドやブリテン島となりました。

ドルイドが語り継いだ

古代ケルト人には、文字がありませんでした。彼らは、書かれたものを信用せず、口承だけを真実とする独特の習慣をもっていました。

神々や英雄の物語を次世代に伝える役割を担ったのが、ドルイドとよばれる僧侶たちです。彼らは予言をくだし、魔術を使い、王権に匹敵する絶大な力をもっていました。ドルイドは、厳しい訓練によって高い記憶力を身につけ、ケルトの神話を正確に語り継ぎました。

「大陸のケルト」については、早くに消息を絶ったため、古代ギリシア・ローマ人が残した断片的な記録しかありませんが、その1つとして、カエサルの『ガリア戦記』があります。

それによるとカエサルは、ガリア（現在のフランス）のケルト人のことを「ガリア人」とよんで、生贄の風習をもつ狂暴で好戦的な野蛮人と見ていました。また、堅固な要塞をもつケルト人を警戒していた様子がつづられています。

一方、「島のケルト」は、ローマの侵攻をまぬかれたものの、ゲルマン人の一派であるアングロ・サクソン人との激しい攻防を余儀なくされました。一部のケルト人は、フランスのブルターニュ半島に逃れています。**この攻防から生まれたのが、ケルト神話のなかでももっとも新しいパートとなるアーサー王伝説**になります。

「島のケルト」のなかでも、アイルランドに渡ったケルト人たちは、ほぼ無傷でした。ただ、このアイルランドにもキリスト教の布教の手が伸びてきて、影響をうけます。4～5世紀にかけて、キリスト教の聖パトリックが布教活動をはじめ、多くのケルト人がキリスト教に改宗しました。

ただ幸運だったのは、キリスト教の聖職者たちは異教であるケルトの文化を尊重し、僧侶たちの言葉を文字に書き記したことです。キリスト教的な視点から、**神々をキリスト教の聖人に置き換えるなどのアレンジがあったものの、ケルト神話はようやく記録されることになりました**。

現在のヨーロッパ文化は主に、古代ギリシア・ローマ文化とユダヤ・キリスト教文化のうえに成り立っていますが、両者のあいだで、妖精や魔術といった幻想的な文化が根付いていることも事実です。ケルト神話が果たしている役割は、決して小さくはないといえます。

ダーナ神族から誕生した神々の物語

現在伝えられているケルト神話は、きちんと体系化されておらず、いくつかの物語群がそれぞれ独立して存在しています。はじまりの物語、つまり、**創世神話がありません**。もともとはあったのかもしれませんが、記録として残されていません。

創世神話はありませんが、主な舞台となるアイルランドに、どのような種族がやってきたのかという神話的歴史は、10世紀の『侵略の書』に残されています。それによると、5つの種族が次々とやってきて興亡を繰り返しました。

ケルト神話では、そのうち4番目にやってきた種族であるトゥアハ＝デ＝ダナーンが**「ダーナ神族」**となって主役を担います。「ダーナ」とは「母なる者」の意味があり、ギリシア神話でいえば、大地母神ガイアにあたります。このダーナ神族から神々や妖精が誕生することになります。

ケルト神話の物語は、大きく次の5つに分けることができます。

①ダーナ神族の物語

アイルランド最古の神々の物語です。アイルランドにやってきたダーナ神族は、先

キリスト教の介入で文字記録が残される

4世紀頃からのキリスト教の到来により、ケルトの神々はキリスト教の聖人に置換される

人間味にあふれた英雄や騎士の物語が繰り広げられる

住していた魔族のフォモール族と戦います。太陽神ルーをはじめ、聖なる3つの道具をつくりだした万能神ダグダ、海の王マナナン・マクリールなどの活躍により、ダーナ神族は勝利を収め、アイルランドの覇権をにぎります。

②アルスター神話群

ダーナ神族の活躍からはるかあとの時代のアルスター国の物語です。太陽神ルーとアルスター国の王妹のあいだに生まれた英雄クー・フーリンが、敵対するコナハト国との戦いで孤軍奮闘します。

③フィアナ騎士団の物語

クー・フーリンからさらに時代が下がり、英雄フィン・マックールがフィアナ騎士団を率いて、アイルランドに侵入した敵と戦います。

④マビノギオン

ウェールズ各地に散らばるロマンチックな妖精物語を集めたものです。このなかには、アーサー王に関する話もあります。

⑤アーサー王伝説

５〜６世紀のブリテンの王であったとされるアーサー王の物語です。ウェールズの伝承を材料につくられ、15世紀のトーマス＝マロリーによって現在の形にまとめられました。

ケルト神話は、物語に共通する設定の１つとして、**霊魂の不死と輪廻転生**があります。ケルト社会では、ドルイドの教えのもと輪廻転生が信じられていました。神話世界においても、**あの世とこの世の境界が希薄で、登場人物は両者のあいだを自由に行き来します**。あの世は、地下の恐ろしい世界ではなく、魂が再びこの世に生まれ変わるまでの一時を過ごす常若（とこわか）の楽園でした。

また、ケルト神話で登場する騎士たちに目立つのは、繊細でロマンチストな性格です。彼らは女性にのめり込み、女性をめぐって争いを繰り広げました。戦いと恋に激しく燃えあがったのが、ケルトの騎士たちの姿でした。

【神話の名場面①】
アルスター国の呪われた美女と英雄の悲劇

No.2

呪われたデアドラを愛する国王

ケルト神話では、はじめにダーナ神族がアイルランドの覇権をにぎります。やがて現在のアイルランド人の祖先であるミレー族が襲来すると、**神々は地上の支配権を彼らに譲り、地下の常若の国に入り、妖精となって地上を監視しました。**

現代のアイルランドでも、丘が地下の国への入り口とされ、秋にはその入り口が開いて地下との交流を行うサウィンという祭りがあります。これがハロウィンの起源の1つとされています。

はるかあとの時代になると、アイルランド北東部のアルスター国がコノール王のもとで栄えました。ここからアルスター神話がはじまります。

コノール王には、デアドラというお気に入りの娘がいました。彼女は「美しく成長するが、多くの災いをもたらす」というドルイドの予言から、「危険」を意味するデアドラと名づけられたほどで、人々は敬遠していました。ところがコノールは、彼女を森の奥の砦に隔離して育てました。いずれは自分の妻にするつもりだったのです。

やがてデアドラが美しい大人の女性に成長すると、コノールは彼女に求婚しました。しかしデアドラは王の求婚を拒絶します。そして、**ひそかに恋仲になっていた赤枝騎士団のノイシュとスコットランドへ逃亡しました**。怒りに燃えたコノールは軍を送り込み、2人を連れ戻しました。ノイシュはファーンマグの王イーガンに殺されます。

悲嘆に暮れるデアドラにコノールは尋ねます。

「お前の一番嫌いなものは何か？」

「ノイシュを殺したコノールとイーガンです」

デアドラの答えに憤慨したコノールは、陰湿な罰を与えます。ノイシュを殺したイーガンと暮らすことを強要したのです。**これに絶望したデアドラは、イーガンの城へ向かう馬車から身を投じ、岩に頭を打ちつけて即死しました**。

このデアドラをめぐる争いにより国は死者であふれ、その後10年以上にわたって人々の悲しみが消えることはなかったといいます。

敵国に孤軍奮闘で勝利する英雄

そんなアルスター国に、やがて最強の戦士があらわれました。ダーナ神族の太陽神ルーとコノール王の妹デヒティネのあいだに生まれた半神半人の戦士クー・フーリンです。彼は、ふだんは美しい顔立ちをしていますが、戦場で興奮すると「ねじれの発作」が起き、肉体が巨大化し、圧倒的な怪力を発揮しました。

クー・フーリンの最大の見せ場となったのが、「クーリーの牛争い」とよばれる戦いです。

あるとき、敵国コナハトの女王メイヴが、アルスター国の巨牛「クーリーの牛」を狙って軍を差し向けてきました。アルスター軍は、戦争の女神マハの呪いによって機能不全となっていたため、唯一呪いをまぬかれたクー・フーリンが孤軍奮闘します。彼は、魔槍ゲイボルグと二頭の名馬が引く戦車を駆使して戦いました。

7年後、クー・フーリンがコナハトの軍勢を打ち破り、メイヴを捕らえます。しか

アルスター国にあらわれた英雄の物語

【半神半人の英雄】
クー・フーリン

「クーリーの牛争い」において進軍してきた敵国女王メイヴを一度は捕らえるも情けをかける

⬇

クー・フーリンの「ゲッシュ」を利用され、メイヴの罠によって最期を迎える

し、殺すことなく解放しました。この情けが仇となります。

メイヴは3人の呪術師の姉妹を雇います。3人は老婆に扮し、帰途にあるクー・フーリンに串焼きの犬肉を勧めました。じつは、クー・フーリンは幼少期に人の番犬を殺してしまったことから、「犬の肉は口にしない」という**「ゲッシュ」（ケルト戦士の禁忌）**を誓っていました。それを知って、呪術師たちは罠をしかけてきたのです。

ゲッシュを破ったクー・フーリンは、体が麻痺し、そこにあらわれたメイヴの軍勢によって槍で突き刺されました。誇り高いクー・フーリンは、露出した内臓を腹におさめ、石柱に自ら体をくくりつけ、立ったまま息を引きとったといいます。

【神話の名場面②】

英雄フィン・マックールの誕生と愛の逃避行

No.3

父を殺され、ドルイドのもとで修行

クー・フーリンが活躍した時代から数百年たったアイルランド――。そこに**新たな英雄フィン・マックール**が登場します。

フィンの父は、アイルランドを守るフィアナ騎士団の団長クール、母はダーナ神族の王ヌアザの血を引くマーナです。

かつて、マーナの父は2人の結婚に反対し、クールを殺しました。マーナは我が子の命が危ないと感じ、2人の侍女に子供をあずけ、遠くへ逃げさせました。やがて森の奥で育てられたその子供は、ブロンドの髪に白い肌をしていたことから、「フィン(白色)」とよばれるようになります。これがフィン・マックールです。

フィンは己の出生の秘密を知ると、亡き父のようにフィアナ騎士団長になることを夢見ました。アイルランド南東へ向かったフィンは、そこを流れるボイン川のほとりに住むドルイドのフィネガスの弟子となります。

7年ほどたった頃、フィネガスが知恵の鮭フィンタンを釣ってきて、弟子たちに調理するよう命じました。しかし、絶対に鮭を食べてはいけないと言いつけます。すると、フィンは料理中に油が親指にはね、それをなめてしまいます。

フィンがそのことを正直に告白すると、フィネガスはフィンに鮭を食べさせました。じつは**「鮭はフィンの名をもつ者が食べる」という予言があり、フィンこそ予言の子だと悟った**のです。それからフィンは、親指をなめることで知恵を得られるようになり、さらに両手ですくった水で怪我人や病人を治す魔法の力を獲得します。

怪物退治で騎士団長に

フィンは、フィアナ騎士団の門をたたきます。

アイルランド王のコーマックは、フィンの出生を知ると歓迎してくれましたが、騎士団長になりたいのなら、怪物を退治するよう命じました。それは、サウィンの祭りの日に毎年襲ってくるアレン・マックミーナという一つ目の怪物で、竪琴(たてごと)の音を鳴らして人々を眠らせ、その隙に宮殿を燃やしてしまうという賢く手強い相手でした。

　フィンが怪物の退治法を思案していると、フィンの父クールを慕っていた騎士の一人が魔法の槍をそっと手渡しました。神々の刀鍛冶レインがつくったというその槍の穂先を額にあてると、眠気を消せるといいます。フィンはこの魔法の槍を使って眠気を抑え、怪物に立ち向かいました。怪物は炎を吐いて迫ってきましたが、見事にその首を斬り落とします。これによりフィンは、フィアナ騎士団長となり、騎士団の最盛期を築きました。

　ところが英雄フィンも、年をとると、**晩節を汚すような失態を晒してしまいます**。妻に先立たれたフィンは、コーマック王の娘グラーニャと結婚しようとします。しかし、彼女は老いたフィンを嫌い、逆に騎士団の若き副官ディルムッドを誘惑し、駆け落ちしてしまいました。

　面目をつぶされたフィンは、騎士団に2人の追跡を命じます。グラーニャとディルムッドは、ダーナ神族の万能神ダグダの息子である愛と美の神オウィンガスに守られ、

新たな英雄フィン・マックール

【知恵の英雄】
フィン・マックール

「知恵の鮭」を焼いた油を
親指で舐め、知恵を得る

↓

怪物退治を経て、
フィアナ騎士団の団長になる

ところが…

↓

自らの恋敵が大怪我をしても助けず見殺しにする
卑劣な行動を見せ、フィアナ騎士団は衰退へ

巧みに逃げ回りました。逃避行は16年もの長期にわたります。

フィンは騎士たちが疲弊していくのに気づき、一方のディルムッドも逃げることに限界を感じます。両者はオウィンガスの仲介で和解しました。フィンは、ついに2人の仲を認めました。

ところが、**ディルムッドが大怪我をしたとき、フィンは魔法の癒しの手で彼を助けることなく、見殺しにしてしまいます**。そして、首尾よくグラーニャを自分の妻とします。

この卑劣な行動は騎士たちの不評を買い、徐々にフィアナ騎士団は衰退へ向かいました。

【神話の名場面③】

アーサー王と円卓の騎士の伝説

No.4

選定の剣を引き抜き王に君臨

アーサー王と円卓の騎士の物語は、世界中でもっとも人気のある英雄伝説の1つです。主人公のアーサーは、ブリテン王国のウーサー王の息子として生まれますが、王室内の争いを避けて、魔術師マーリンによって育てられます。

ウーサー王が死ぬと、岩に突き刺さった「選定の剣」が教会に設置され、**「これを引き抜いた者が王となる」**と布告されます。誰一人として剣を抜くことができないなか、当時15歳のアーサーがあらわれ、軽々と剣を引き抜いてみせます。これによりアーサーは、ブリテン王に迎えられます。

「選定の剣」は破損してしまいますが、アーサーはマーリンの言葉にしたがって剣を湖に投じました。すると、「湖の乙女」とよばれる妖精があらわれ、**聖剣エクスカリバーが授けられました**。妖精は「あなたは、この剣と運命をともにする」と宣告。これは、王として命運が尽きたとき、剣も湖の乙女に返却することを意味しました。

アーサー王は、侵攻してきたアングロ・サクソン人を退け、ブリテン島とアイルランドを支配下に置きます。ローマ貴族の血を引く美女ギネヴィアを王妃に迎え、繁栄の時代を築きました。

息子モルドレッドの謀反

アーサー王の宮城キャメロットには、大きな円卓が置かれ、ヨーロッパ各地から優秀な騎士たちが集まり、**「円卓の騎士」**とよばれました。

円卓の騎士には、さまざまなエピソードがあります。なかでも有名なのは、美しく武勇にすぐれた**騎士ランスロット**です。彼は、アーサー王を裏切り、**王妃ギネヴィアと不倫関係に陥ります**。

円卓の騎士たちは、かつてキリストが最後の晩餐で使用したという聖杯を探し求める旅にでますが、ランスロットは不倫の罪で聖杯の奇跡に触れることはできません。一方、息子ギャラハッドは高潔な魂の持ち主で、聖杯を手にするのです。

また、騎士トリスタンは、コーンウォールの王に嫁ぐことになったアイルランドの姫イゾルデと恋仲となります。しかし、2人は引き離され、命を絶ったトリスタンを追ってイゾルデも自死しました。この悲恋物語『トリスタンとイゾルデ』は、もともとケルトの民間伝承でしたが、13世紀初頭、ドイツのゴットフリート・フォン・シュトラスブルクによって現在の形にまとめられ、アーサー王伝説に組み込まれています。

さて、繁栄を誇ったアーサー王の時代にも終焉のときが訪れます。

アーサーには異父姉がいましたが、自分の姉とも知らぬまま一夜を過ごし、5月1日に息子のモルドレッドが生まれます。同じ頃、マーリンが**「5月1日に生まれた子がアーサー王と王国を滅ぼす」**と予言したため、アーサーは5月1日に生まれた貴族の血を引く乳児を集め、船に乗せて海に流しました。モルドレッドもその船に乗っていましたが、なんとか生き延びます。やがてアーサー王のもとで円卓の騎士になり、王位をうかがいました。

モルドレッドは、ランスロットと王妃ギネヴィアの不倫をアーサーに密告します。

アーサー王の栄光と最期

【王たる英雄】
アーサー王

「選定の剣」を抜くアーサー

聖剣エクスカリバーを授かり
王の座についたアーサーは
国の繁栄を築く

しかし、時は流れ…

重傷を負ったアーサーは安息の地へ去っていった

アーサーはランスロット討伐のためフランスに出陣。**その隙にモルドレッドは謀反を起こし、アーサーが討ち死にしたという偽の情報を流して王位に就きます。**

騙されたと気づいたアーサーはフランスから軍勢を引き返し、ブリテン島に上陸。ソールズベリの近くでモルドレッド軍との最終決戦にのぞみました。最後、親子関係にある2人は一騎打ちとなり、モルドレッドがたおれます。しかし、アーサーも瀕死の重傷をおいました。

アーサーは、聖剣エクスカリバーを湖に返すと、湖の乙女たちとともに小舟に乗り、安息の地アヴァロンの島へ去っていきました。

【モンスター化する半神半人の英雄】

クー・フーリン

アルスター神話の英雄クー・フーリンは、**幼くして異界の女戦士スカサハに戦術を仕込まれ、超人的な力を身につけました**。愛用の魔槍ゲイボルグは、このスカサハから受け継いだものです。

戦士隊150人をたった1人で負かすなど、さまざまな武勇伝を残したクー・フーリンですが、あるとき鍛冶屋クランの巨大な番犬を誤って殺してしまいます。自ら代わりの番犬の役を買ってでたことから「クー・フーリン（クランの番犬）」とよばれるようになります。このとき「犬の肉は口にしない」というゲッシュも誓いました。

クー・フーリンには悲劇のエピソードが多いです。スカサハの娘オイフェとのあいだに息子コンラが生まれますが、彼に金の指輪を与えて去ります。のちに、槍で突き刺した相手が指輪をしていたことから、息子を殺したことに気づき、自分の罪深さにおそれおののきました。

敵国コナハトの女王メイヴとの戦いには単独で勝利しますが、女王メイヴの策略により「犬の肉は口にしない」の**ゲッシュを破ってしまい、悲劇の最期を迎えます**。それは「若くして死ぬ」というドルイドの予言通りでした。

馬車に乗り、槍を手に戦場を駆けるクー・フーリン。ケルト神話の英雄の名にふさわしい勇ましい姿が描かれる
(『戦場のクー・フーリン』ジョセフ・クリスチャン・ライエンデッカー／1911年)

フィン・マックール

【知略に富んだ若き騎士団長】

フィアナ騎士団の物語で主人公を演じるのが、英雄フィン・マックールです。

フィンは、ドルイドのフィネガスのもとで修行し、**知恵の鮭を食べることで知恵を身につけ、冥府の酒を飲むことで予言と超自然的能力を手にします**。怪物退治など数々の試練を乗り越え、8歳にしてフィアナ騎士団の首領となります。

老齢になったフィンは、王の娘グラーニャと強引に結婚し、不評を買いましたが、若い頃には最愛の妻との悲恋を味わっています。

フィンが狩りをしているとき、目の前にあらわれた一匹の牝鹿が、「呪いによって鹿の姿にさせられたけど、愛の力で人間の姿に戻れる」と言います。するとフィンの愛によって、牝鹿は美しい乙女になりました。彼女はサヴァといって、フィンの妻となりました。ところがフィンの留守中、彼女は何者かにさらわれてしまいます。フィンは国中を探しまわりますが、ついに見つからず、深い喪失感を味わいました。彼を唯一慰めたのは、森の中で発見した野生児でした。それがサヴァが生んだ息子だと直感したフィンは、小鹿を意味する「オシーン」と名づけ、大事に育てました。

フィン・マックールが、父が所属し団長を務めていたフィアナ騎士団を訪ねた場面。フィンの伝説は語り継がれているものの、フィンを描いた図像は極めて少ない
(『フィアナ騎士団を訪ねるフィン・マックール』ステファン・リード／1932年)

ルー

【ダーナ神族の栄光を築いた太陽神】

太陽神ルーの戦いの場面

ダーナ神族の光の神で太陽神のルーは、ケルト神話で一番の美男子といわれます。祖父のバロルは、ダーナ神族と敵対するフォモール族の王で、にらみつけた相手を殺してしまう魔眼をもつ巨人でした。バロルは「自分の孫に殺される」という予言をうけたため、娘のエスリンを水晶の塔に閉じ込めますが、塔に忍び込んだキアンとのあいだにルーが生まれます。**ルーはダーナ神族として育てられました**。

やがてダーナ神族とフォモール族とのあいだにマー・トゥーラの戦いが起きます。バロルの魔眼が開かれた瞬間、ルーは投石機で強力な一撃を加えました。バロルは叫び声をあげて倒れ、頭部から背後に転がり落ちると、その眼に凝視されたフォモール族は全滅しました。こうして勝利したルーは、光の神と称えられ、ダーナ神族の若く美しい王としてアイルランドの覇権をにぎりました。

【常若の国の王となった海神】
マナナン・マクリール

マナナン・マクリールの像（©Kenneth Allen and licensed for reuse under Creative Commons Licence）

マナナン・マクリールは**海神リールの息子で、アイルランド島とブリテン島のあいだに浮かぶマン島の王**とされました。マン島は、ケルト人にとって一番身近に感じられる「海の向こうの別の土地」だったことから、やがてマナナンは「常若（とこわか）の国（ティル・ナ・ノーグ）」の王と見なされるようになりました。

彼は、魔法の杖の一振りで波を荒らげたり、逆に嵐を鎮めるなど、海を自在に操りました。**ギリシア神話の海神ポセイドンのような存在**です。

マナナンの妻は絶世の美女ファンズですが、彼女はアルスター国の英雄クー・フーリンと恋に落ちます。マナナンはなんとか妻を取り戻しますが、クー・フーリンと二度と再会しないように魔法のマントを振りました。一方で彼は、アルスター国の王妃と一夜を過ごし、モンガーンという勇敢な戦士をもうけさせています。

【兄に処女を奪われた月の女神】

アリアンロッド

ウェールズの初期の神話を伝える『マビノギオン』に登場する女神の1柱が、アリアンロッドです。彼女は、**ダーナ神族の大地母神ダヌの娘にして月の女神**であり、ウェールズ北西部にあるグウィンネッズの**マス王の姪**にあたります。

マス王は、両足を処女の乙女の膝に乗せなくては死んでしまうという宿命を背負っていました。はじめは乙女ゴーウィンがその役を務めていましたが、次にアリアンロッドの番になります。王に彼女を差し出したのは、兄グィディオンでした。

マス王は、彼女が処女かどうかを疑い、自分の魔法の杖をまたがせて判定しました。すると、彼女が杖をまたいだ瞬間、2人の男児が産み落とされました。じつは、グィデオンが魔法を使って密かにアリアンロッドの処女を奪っていたのです。これに怒った彼女は、グィデオンが決して人間を妻にできないというゲッシュをかけました。

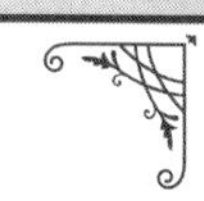

第4章 いちばんやさしいインド神話

【ヴェーダ時代からの神々の集大成】

インド神話とは何か？

No.1

天部として日本に伝わったインドの神

インドは「神の国」とよばれるほど、いまでも身近に神がいる国です。町のいたるところに神像や宗教画が掲げられ、ガンジス川では沐浴で日々の業や罪を洗い流して身を清める人々がいます。

では、インドにはどのような神がいるかというと、複数の顔や複数の腕をもつ神や生首をもつ神など、とても神とは思えない異様な雰囲気の神がいます。**インド神話には、こうした神々が3億3000万もいるといわれています**。

じつは、これらインド神話の神は、日本になじみがないわけではありません。インドで発祥した仏教は、大衆化する過程でインドの神々を吸収しました。それが「天(てん)

部(ぶ)」とよばれる神々で、帝釈天（インドラ）や弁才天（サラスヴァティー）、梵天（ブラフマー）、大黒天（シヴァ）などになります。ちなみに「天部」とは、**サンスクリット語の「デーヴァ（deva＝神）」に由来**します。

日本には仏教とともにこれら天部の神が伝わりましたので、知らず知らずのうちに、仏教を通してインドの有名な神々に親しんでいるのです。

バラモン教のヴェーダの神々

これほど多くの神をもつインド神話は、どのように形成されたのでしょうか？ **インド神話が編纂された時期は大きく3度あります**ので、そのポイントを押さえながら見ていきましょう。

インドでは、紀元前2300年～1800年頃にかけてインダス川流域に高度な都市文明が栄えました。インダス文明です。文明の担い手は、ドラヴィダ系の言語を話す民族とされています。彼らは歴史の舞台から忽然と姿を消してしまったため、どのような神を崇拝していたのかはわかっていません。

編纂を重ねて変化していくインド神話①

第1期 …『リグ・ヴェーダ』に端を発する、ヴェーダ4編による「ヴェーダ時代」

紀元前1200年頃

デーヴァ神族

現世利益を司る

主神
インドラ

ほかに火の神アグニ、暁光の女神ウシャスなど

アスラ神族

はじめは神格が高かったが次第に信仰が薄れる

デーヴァ神族に敵対する悪魔族になる

やがて紀元前１５００～１０００年頃になると、北方からアーリア人が侵入してきました。アーリア人は、中央アジアに住んでいたインド・ヨーロッパ語族の狩猟・遊牧民です。

　アーリア人は、インドに定住し、先住民の土着の信仰を受け入れながら、**自然現象を神と崇めるバラモン教（ブラフマニズム）**を起こしました。

　バラモン教は、バラモン（僧侶・司祭階級）を頂点に、クシャトリア（戦士・王族階級）、ヴァイシャ（庶民階級）、シュードラ（奴隷階級）という**身分制度**を基礎とします。これはアーリア人が先住民を支配するためのしくみで、現在もつづくカースト制のはじまりとなりました。

アーリア人は、いまのイラン人やギリシア人でもあることからわかるように、肌の白い民族です。肌の白いアーリア人が肌の黒い先住民と血が混じるのを避けるため、このような厳格な身分制度ができたという説もあります。

紀元前1200年頃、バラモン教の聖典ができます。**神々への讃歌や祭儀を記した『リグ・ヴェーダ』**です。「リグ」は「讃歌」、「ヴェーダ」は「聖なる知識」を意味します。『リグ・ヴェーダ』には1028の讃歌が収められました。のちに『サーマ・ヴェーダ』『ヤジュル・ヴェーダ』『アタルヴァ・ヴェーダ』もつくられ、このヴェーダ4編がインド最古の聖典といわれています。

このヴェーダ時代が、インド神話の第1期にあたります。

ヴェーダの神々は、大きく**「デーヴァ神族」**と**「アスラ神族」**に分けることができます。デーヴァ神族は、主に現世利益をつかさどり、主神インドラや火の神アグニなどがいます。一方のアスラ神族は、はじめは厳格な倫理や司法をつかさどり高い神格をもっていましたが、徐々に信仰が薄れ、デーヴァに敵対する悪魔族として扱われるようになりました。このアスラが、仏教では「阿修羅」になります。

同じアーリア系のイランのゾロアスター教では反対に、アスラに対応するアフラの代表者アフラ＝マズダーが最高神であり、デーヴァに対応するダエーワが悪魔と見なされています。

後期ヴェーダとヒンドゥー教の神々

紀元前９００〜７００年頃になると、バラモンの支配力が強まりました。バラモンがヴェーダを唱えて祭祀を行い、クシャトリヤがそのバラモンを保護するという関係が深まりました。しかし同時に、**形式的になったバラモン教に対する批判も起きました**。すると、バラモンの内部から改革の動きが起き、より内面的な思索を重視し、真理を探究するようになります。

その結果、ヴェーダ４編にさまざまな解釈を加えた付属書が生まれます。それが『ブラーフマナ』（祭儀書）や『アーラニヤカ』（森林書）、『ウパニシャド』（奥義書）などです。このうち哲学的な内容である『ウパニシャド』は、その後のインド哲学の源流となりました。この**後期ヴェーダ時代が、インド神話の第２期**にあたります。

後期ヴェーダ時代には、**ブラフマーが宇宙を創造した最高神**となり、ブラフマーの妻であるサラスヴァティーや女神ガンガーなど、ブラフマーを中心とする神々の物語がつづられました。

その後、紀元前500年頃になると、王族や庶民階級の台頭により、バラモンの求心力が低下し、バラモン教とヴェーダの神々の存在感が薄れていきます。反対に、仏教やジャイナ教など新しい宗教が生まれ、信仰を集めました。すると、**危機感を募らせたバラモン教は非アーリア的な土着の神や仏教の仏、ジャイナ教の神などを貪欲に吸収しながら変貌を遂げます**。こうしてヒンドゥー教が生まれます。

ヒンドゥー教は特定の開祖や教えがあるわけではなく、それまでのインドに生まれた宗教や神々を全肯定したうえに成り立っています。ですから、ヒンドゥー教では、**どの時代のどの宗教の神を崇拝してもよい**としました。

ここにインド神話の集大成ともいうべき第3期を迎えます。

ヒンドゥー教の聖典といわれるのが、古い説話や神話を集めた宗教詩『プラーナ』です。『プラーナ』のなかでは、**ヴィシュヌとシヴァ**の2大神がとくに崇拝されています。これに創造神のブラフマーを加えた3柱が**「三神一体」**とされ、ヒンドゥー教

編纂を重ねて変化していくインド神話②

第2期 …ヴェーダ４編に解釈を加えた付属書による「後期ヴェーダ時代」

紀元前
900～700年頃

宇宙を創造した最高神・ブラフマー

第3期 …バラモン教が周辺の神や仏を吸収しヒンドゥー教が誕生する

紀元前
500年頃

特に信仰されたのがヴィシュヌとシヴァ

の主要神を担っています。

また、ヒンドゥー教を代表するのが、紀元前4世紀～紀元後4世紀にかけて成立した『マハーバーラタ』と『ラーマーヤナ』の2大叙事詩です。

『マハーバーラタ』は、太古の時代にクル族のあいだに起きた大戦争を描いています。一方の『ラーマーヤナ』は、実在したとされるラーマ王子が、悪玉に連れ去られた妃を取り戻すべく活躍する姿を描いています。どちらも豊かな物語世界のなかにヴェーダの神々が自然に組み込まれ、庶民に親しみやすい内容となっています。

古い神も再定義・アバターで存続

以上のことからわかるように、インド神話は長い歴史のなかで何度も塗り重ねるように重層的につくられています。**同じ神でも時代や聖典によって役割も性格も異なるし、重要度が異なります**。過去に崇められた神々を再定義し、新しい神の地位を高めるというようなことも起きています。

たとえば、ヴェーダ時代の主神インドラは、天空を駆ける雷神で、悪魔退治を行いましたが、ヒンドゥー教が隆盛してヴィシュヌを主神とする時代になると、インドラの悪魔退治はじつはヴィシュヌの援助によるものだった、となっています。

主神が化身となって何度も姿を変えて登場することもあります。

たとえば、『マハーバーラタ』の英雄クリシュナや『ラーマーヤナ』のラーマ王は、じつはヴィシュヌの化身です。ヴィシュヌは最終的に10～20の化身となって現出するのです。

ちなみに、「化身」とはサンスクリット語で「アヴァターラ」といい、ゲームやアニメでよく用いられる「アバター」の語源となっています。

神の再定義やアバターによってインドの神々はますます複雑になりますが、これも古い神を捨てることなく大切に崇拝しつづけてきたインド神話の醍醐味といえます。

【神話の名場面①】

霊薬アムリタをめぐる乳海攪拌神話

No.2

世界は巨人プルシャから生まれる

インド神話の創世神話には、文献によってさまざまなパターンがあります。代表的なものの1つには、『リグ・ヴェーダ』の**「プルシャ讃歌」**があります。原初の海から原人プルシャが生まれ、神々がこれを生贄として祭祀を行うというものです。プルシャは千の頭と千の眼と千の手足をもつ巨人で、その体がバラバラになり、**各パーツからさまざまな神や人間、天界や地界が生まれます**。このような巨人解体神話というのは世界中に伝わります。

また、ヴェーダの付属書『ブラーフマナ』には、万物の根源を水とした話があります。原初の世界は水でおおわれ、この水から黄金の卵があらわれ、創造神ブラフマーが生まれます。ブラフマーはその卵の殻をもとに宇宙を創造します。

ヒンドゥー教の時代になると、ヴィシュヌが最高神となり、**創造神ブラフマーもじつはヴィシュヌがつくりだしたもの**となります。原初の水がヴィシュヌそのもので、ヴィシュヌのヘソから伸びた蓮の花からブラフマーが生まれ、ヴィシュヌの額からシヴァが生まれたとされます。

神々と悪魔が協力して海を攪拌

創世神話につづく話として有名なのが**「乳海攪拌神話」**（にゅうかいかくはん）です。これは『マハーバーラタ』『ラーマーヤナ』の両方に収録されています。

その当時、天界のインドラなどの神々は、仙人ドゥルーヴァーサスの呪いで力を抑えこまれていました。すると悪魔族のアスラ（阿修羅）が天界へ攻めてきて、神々は窮地に立たされます。

神々は、**不老不死の霊薬アムリタ**を手に入れて対抗するしかないと考えました。そこで創造神ブラフマーが救済神ヴィシュヌに相談します。ヴィシュヌは、**「神々と悪

魔族で海をかき混ぜればアムリタがあらわれる」と伝授しました。神々が悪魔族に協力をもちかけると、悪魔族もアムリタに興味を示して同意しました。

ブラフマーは、巨大な攪拌棒をつくりました。それはマンダラ山をヴィシュヌの化身である大亀クールマにのせ、大蛇ヴァースキを巻きつけたものです。神々と悪魔族が蛇の端をもって引っ張り合うことで山を回転させ、海を攪拌しました。

攪拌は千年つづきましたが、アムリタはなかなかできません。ブラフマーの頼みでヴィシュヌが神々に力を与えると、強力に攪拌された海が濁ってギー（バター油）のようになり、そこから太陽や月、象や牛などの動物、豊穣の女神ラクシュミー、酒の女神ヴァルニーなどが生まれました。そしてついには、アムリタの入った壺をもった天界の医師ダヌヴァンタリがあらわれました。

このように海を棒でかき混ぜる行為は、性交の暗喩になっていますが、インドの宗教儀式では欠かせないギーづくりそのものとも考えられます。

さて、アムリタがあらわれると、悪魔族がそれを独占しようとしたため、ヴィシュヌは美女モーヒニーに化けて悪魔族を誘惑しました。**彼らが美女に夢中になっているあいだに、神々はアムリタを飲み干し、不老不死となりました。**悪魔族だけでなく破

霊薬アムリタを求めて海をかきまぜる

悪魔族に攻められ窮地に陥った天界の神々は不老不死の霊薬アムリタを生み出す

アムリタを手に入れた神々は不老不死になり、悪魔族に絶対的優位な立場となった

壊神シヴァも彼女に言いより、その結果ハリハラが生まれました。ハリハラは体の半分がヴィシュヌ、半分がシヴァの姿をした合体神です。

一方、悪魔族のラーフは神々に化けてアムリタを飲もうとしましたが、太陽と月に告げ口をされ、飲んでいる間にヴィシュヌに首を斬られました。不死となったラーフの首は、復讐のため太陽と月を追いかけて食べようとしましたが、これが日食や月食が起きる原因だといいます。

不老不死となった神々は、悪魔族に対して絶対的な優位を勝ち取りました。残りのアムリタはインドラが大切に守りつづけたといいます。

【神話の名場面②】

巨大ナーガをたおした英雄神インドラ

No.3

アーリア人を神格化した雷神

『リグ・ヴェーダ』が伝える神話のなかで主役を演じるのが、**武神で雷神のインドラ**です。『リグ・ヴェーダ』のなかでは、全体の約4分の1がこの神への讃歌になっています。

インドラについては、紀元前14世紀のヒッタイトとミタンニの条約文にも記述があることから、両国のあった**小アジアからメソポタミアにかけても広く信仰されていた**神だったと考えられます。また雷神であることから、ギリシア神話のゼウスや北欧神話のトールに近い性格の神といえます。

インドラは、天空神ディアウスと大地の女神プリティヴィーの子とされています。

ただ『リグ・ヴェーダ』では父母は不明にされています。

インドラの誕生は劇的で、母の胎内に1000か月いたあと、その脇腹から天地を股にかけるほどの巨体で生まれました。その姿に驚いた母は、自分が育てるには恐れ多いと息子を捨てました。孤児となったインドラは、神酒ソーマをあおった勢いで、誤って父を殺してしまいます。神々からは追放され、一人放浪の旅にでました。

あるとき、人間が干ばつに苦しめられていることを耳にします。巨大なナーガ（蛇）の姿をした悪魔族のヴリトラが、雨をよぶ「雲の牛」を捕らえてしまったのです。するとインドラは、暴風雨を操る武神集団のマルト神群をしたがえ、ヴリトラ退治に立ち上がりました。インドラはヴァジュラ（金剛杵）で蛇の急所をつき、見事にたおします。雲の牛は解放され、雨が降り、干ばつは終わりました。インドラは人々から絶大な尊崇を集めました。

これをきっかけにインドラは最高神への道をかけあがり、「神々の王」という不動の地位を手に入れました。あとには、ヴリトラをたおしたことから、「ヴリトラハン」（ヴリトラを殺す者）という異名をもつようになります。

このヴェーダ時代のインドラは、支配民族のアーリア人を神格化した存在と考えられます。反対にヴリトラなどの悪魔族は、アーリア人に対抗したインド土着の民族をあらわしているという説があります。インドラはアーリア人の神として、土着の悪魔族たちを蹴散らしていったのです。

ヒンドゥー神話で零落

しかし、バラモン教からヒンドゥー教へ移行していくなかで、ヴァルナやアグニなどヴェーダ時代に主力をはった神々は一様に貶められていきました。インドラもその例にもれませんでした。たとえば『マハーバーラタ』では、「インドラがヴリトラに勝利したのは、ヴィシュヌの助けがあったから」ということになりました。

『ラーマーヤナ』では、不倫に対する過酷な罰をうけます。インドラはシャチーという妻がいたにもかかわらず、聖仙ゴータマの妻アハリヤーを寝とりました。不義に気づいたゴータマは、恐ろしい呪いによってインドラの睾丸を切り取りました。のちにインドラは、他の神々から与えられた羊の睾丸をつけるという屈辱を味わいます。

このように**ヒンドゥー神話では、新たに主神となったヴィシュヌとシヴァの権威づ**

雷神インドラの役割の変化

ヴェーダ時代

神々から追放されたが
ブリトラを倒し人間を
干ばつから救う
↓
「神々の王」になる

ヒンドゥー教

・ブリトラ退治の功績
⇒ヴィシュヌの助けのおかげにされる

・妻帯者でありながら不倫に走り、
聖仙ゴータマの罰を受けた神として描写

最高神の座を奪われ、貶められる

けのため、インドラの力が利用され、ときに貶められました。しかし、一部の伝承では依然としてインドラは神々の王としての権威を保持していました。

神の都アマーラヴァティーは神々や聖者、英雄として死んだ者しか入れない場所で、勇敢に戦って死んだ戦士たちの魂が運ばれてきます。まるで北欧神話のオーディンの宮殿ヴァルハラそのものです。インドラは、この神の都の楽園で、天女たちに囲まれて暮らしているといいます。

また、仏教に取り込まれたあとのインドラは「帝釈天」となりました。太陽が昇る重要な方角である東方を守る守護神となっています。

【神話の名場面③】
シータ姫を救出するラーマ王の英雄伝説

No.4

ヴィシュヌの化身ラーマが主役

叙事詩『ラーマーヤナ』は、コーサラ国のラーマ王子を主人公とする勧善懲悪の物語です。この**ラーマ王子を主神ヴィシュヌの化身とする**ことで、宗教的意義を高めています。

悪役は、ラークシャサ族の魔王ラーヴァナです。ラーヴァナは厳しい修行により、神々や魔神族には殺されない特別な力を手に入れたため、神々でさえも手を出せない相手となりました。

するとヴィシュヌは、**ラーヴァナをたおすため、人間になる**ことを決意します。コーサラ国のダシャラタ王の4人の息子のうち、より聡明な長男ラーマとなりました。

立派な青年に成長したラーマは、森の魔物退治に出かけた帰り、ヴィデーハ国のジャナカ王の一族に伝わる伝説の弓の話を耳にしました。それは破壊神シヴァに由来する弓で、「その弓を引くことができた者に王の娘シーターを与える」といいます。ラーマは、ヴィデーハ国の人々の前にあらわれると、軽々とその弓を引いてみせました。

こうしてラーマは美しいシーターを妻に迎え、祖国に帰還します。やがてダシャラタ王の意向により、ラーマは王位を継ぐことになりました。

ところが、第2王妃カイケーイーの悪巧みにより、彼女の息子のバラタが王位につき、ラーマたちは国を追放されてしまいました。ラーマとシーター、それに弟のラクシュマナは森に隠れて暮らします。そんななか、シーターが何者かにさらわれてしまいました。

ハヌマーンから生まれた孫悟空

シーターを誘拐したのは、魔王ラーヴァナでした。ラーマはラクシュマナとともに、ラーヴァナのあとを追います。その途上、2人は猿の都キシュキンダーのスグリーヴァ王を助けたことから、お礼にシーター救出の申し出をうけます。救出隊のリーダーが、**猿の大臣ハヌマーン**でした。

ハヌマーンは、風の神の血を引く半神です。怪力の持ち主で、空を自由に飛んだり、体の大きさを自由に変えることができました。ハヌマーンは、シーターが隔離されたラーヴァナの居城をつきとめ、姿を小さくして城に潜入。シーターの無事を確認しました。ハヌマーンからの報告をうけたラーマたちは、海神ヴァルナや猿族たちとともに遠征軍を組織し、ラーヴァナの城を包囲しました。

これに対しラーヴァナは、最強の巨人である弟クンバカルナや、息子のインドラジットを次々に投入し、凄まじい攻撃を仕掛けてきます。ハヌマーンやラクシュマナの巧みな戦術でこれらを退けると、最後はラーマがヴィシュヌから与えられた矢によってラーヴァナの息の根を止めました。

こうしてラーマたちは、見事にシーターを救いだすことに成功します。

敵に拉致されていたシーターについては、人々からその貞節を疑う声が高まりました。するとシーターは、炎のなかに身を投じました。心が清らかな者は炎のなかでも燃えないと信じられていました。果たしてシーターは、炎の神アグニに守られて燃えることなく、身の潔白を証明しました。

主神ヴィシュヌの化身　ラーマ王子

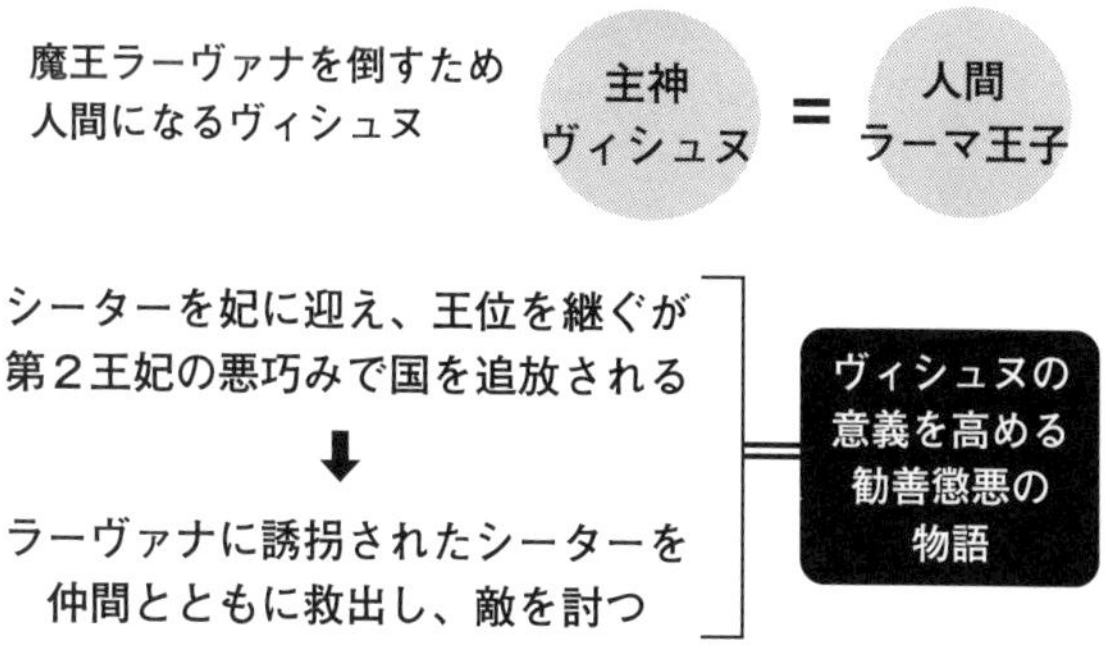

魔王ラーヴァナを倒すため
人間になるヴィシュヌ

主神
ヴィシュヌ
＝
人間
ラーマ王子

シーターを妃に迎え、王位を継ぐが
第2王妃の悪巧みで国を追放される

⬇

ラーヴァナに誘拐されたシーターを
仲間とともに救出し、敵を討つ

ヴィシュヌの
意義を高める
勧善懲悪の
物語

ラーマはシーターとの愛を確かめ合います。その後、王位を継ぎ、国の繁栄を築きました。

ところが、その後もシーターの貞節を疑う声は消えず、やがてシーターは潔白を証明するため、ラーマの2人の子供を残したまま、大地の女神に連れられて地面の裂け目に消えていきました。今度は、ラーマがどんなに神に願っても、彼女が再びこの世界に戻ることはありませんでした。

『ラーマーヤナ』の物語のなかでも特に印象的なのが、ハヌマーンの冒険活劇です。これが中国では孫悟空が活躍する『西遊記』となり、やがて日本の漫画『ドラゴンボール』となりました。

【神話の名場面④】

クル族の5王子が巻き込まれた大戦争

No.5

従兄弟に妬まれる5王子

叙事詩『マハーバーラタ』は、仏教がおこるよりもはるか以前に起きた大戦争を描いています。話の中心となるのは、**クル族の5王子**です。

クル族のパーンドゥ王は、呪いのために子供をもてなくされていましたが、妃クンティーが特別な力を使って神々から息子を授かりました。

それが、法を守るダルマ神から授かった**長男ユディシュティラ**、風の神ヴァーユから授かった**次男ビーマ**、そしてインドラから授かった**三男アルジュナ**でした。また、もう1人の妃マドゥリーもクンティーの力によって、アシュヴィン双神から**四男ナクラ**と**五男サハデーヴァ**を授かりました。５人の兄弟は、文武に秀でた立派な王子に成長しました。そんなとき、パーンドゥ王が呪いによって死んでしまったため、王の兄で目の不自由なドリタラーシュトラが王位を継ぎました。

ドリタラーシュトラには、長男ドゥルヨーダナをはじめ、百人の王子がいました。彼らは従兄弟の5王子にライバル心を燃やし、事あるごとに嫌がらせをしてきました。そしてついには、宮殿に火をかけます。5王子は、これ以上そばにいることは危険だと感じ、**火事でみな死んだことにして、身分を隠して他国へ逃れました。**

あるとき三男アルジュナは、強国のバンチャーラ王国の姫ドラウパディーの婿選びの儀式に参加し、弓の勝負に勝って姫を妻に迎えました。すると、母クンティーの「5人で仲良く分けなさい」という言葉にしたがい、ドラウパディーを5王子の共通の妻としました。ドリタラーシュトラ王は、5王子がじつは生きていて強国の姫を妃に迎えたことを知ると、新しい土地を与えて祝福しました。

英雄クリシュナが仲介に

ユディシュティラら5王子は協力して働いたため、新王国はたいへんに繁栄し、大帝国のマガダ国さえも支配下におきました。その繁栄を目の当たりにしたドゥルヨーダナは、ますます嫉妬心を募らせ、悪巧みを働かせます。ユディシュティラを騙して国の全財産を奪い取ってしまいます。

５王子は、12年間の国外追放となり、13年目は身分を隠してマツヤ国の使用人となりました。５王子は、追放期間は終わったと訴えましたが、ドゥルヨーダナは認めませんでした。

両者の対立が激しくなります。アルジュナの友人で、ヤーダヴァ族の王クリシュナ（ヴィシュヌの化身）が仲介に立ち、ドゥルヨーダナの説得にあたりますが、これも失敗します。

５王子を憎むのは、ドゥルヨーダナだけではありませんでした。じつは５王子の母クンティーは、パーンドゥ王に嫁ぐ前に太陽神スーリヤの子供**カルナ**を生んでいましたが、このカルナがドゥルヨーダナに仕えていました。**彼は、ドラウパディーの嫁選びの儀式でアルジュナに負けていて、復讐の機会を虎視眈々とうかがっていたのです**。

ついに両陣営はクルクシェートラでまみえることになります。アルジュナは身内同士で戦うことに虚しさを感じ、戦意を喪失しますが、クリシュナが「人は生まれなが

5王子とドゥルヨーダナの敵対関係

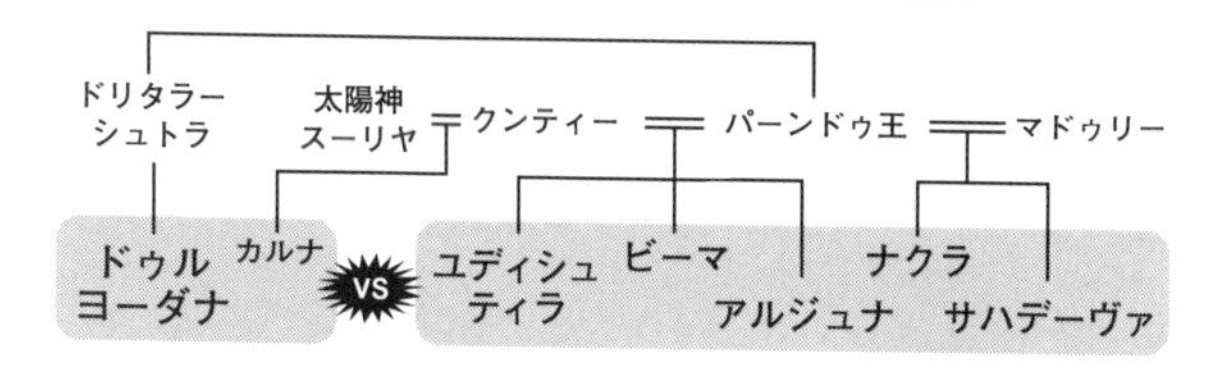

5王子はドラウパディーを妃に迎えるが
ドゥルヨーダナの嫌がらせが過熱する
＋
異父兄弟のカルナも5王子を攻撃

アルジュナの矢でカルナを射抜き、
ビーマがドゥルヨーダナをたおす

らにもった使命があり、それを果たさなければならない」と励まします。

お互いに神々から授かった武器を繰り出し、壮絶な戦いとなりますが、5王子たちの陣営がかろうじて戦局を優勢に進めます。最後は、アルジュナの放った矢がカルナの身体を射抜き、ビーマがドゥルヨーダナの足を狙ってたおしました。

5王子たちは勝つには勝ちましたが、彼らの息子たちが夜襲をうけて惨殺されており、深い悲しみだけが残りました。その後、ユディシュティラたちは国を再興。やがて死期が迫ると、5王子は1人また1人とヒマラヤに登り、父である神々のいる天界へ旅立ったといいます。

ヴィシュヌ

【化身となって世界を救う最高神】

ヴィシュヌは、ヒンドゥー三神一体の1柱です。**ブラフマーが創造し、ヴィシュヌが維持し、シヴァが破壊する**とされています。ヴェーダ神話では、ヴィシュヌは主神インドラの協力者にすぎず、「天・空・地をわずか3歩で歩いた」などの記録しかありませんでしたが、**ヒンドゥー神話ではシヴァと双璧をなす最高神**となりました。

ヴィシュヌは、日頃はメール山に妻ラクシュミーとともに住んでいるとされます。その姿は、古代の王族のように豪華な衣装に包まれた若い美青年で、4つの手にはそれぞれ、武器の円盤（チャクラ）、棍棒（カウモダキー）、法螺貝（パーンチャジャニャ）、蓮華をもちます。

ヴィシュヌとは「行きわたる」の意味で、世界に偏在する神をあらわします。そのため、**世界が邪悪なものにさらされると、さまざまな化身（アヴァターラ）となって地上にあらわれ、人々を困窮から救いました**。それは、大洪水から人間や生物を救った巨大魚マツヤや不死の霊薬アムリタをもたらした亀クールマ、悪魔により水中に沈んだ大地をもちあげた猪のヴァラーハなどで、全部で10～20の化身をもつといわれています。

ヴィシュヌ。左上の手に円盤、右上の手に法螺貝、右下の手に棍棒を持っている（『Mahabharata』トロント大学所蔵）

シヴァ

【恐ろしい破壊神であり、創造神】

シヴァと妻のパールヴァティ（1800年頃）

シヴァは、ヒンドゥー三神一体の1柱で、破壊神にあたります。その姿は、端正な顔立ちで、4本の腕をもち、青黒い身体には毒蛇をまきつけ、眉間には第三の眼をもちます。装身具をほとんど身につけていないのは、修行者でもある証です。

シヴァは、**ヴェーダ神話の恐ろしい神ルドラと同一視**されます。ルドラは、暴風雨によって災害をもたらし人々を殺す破壊神の一面がある一方で、恵みの雨を降らせて生命が生まれる豊かな土壌をつくるという創造神の一面もありました。シヴァもその二面性を引き継いでいます。

たとえば、瞑想中に欲望の神カーマから矢を放たれたとき、第三の眼から炎を発射し、カーマを焼き殺しましたが、自らの手で愛の神プラデュムナとして復活させました。また「リンガ」とよばれる男性器を模した石をシンボルとしています。**「破壊と創造」**が、シヴァの本質なのです。

ブラフマー

【宇宙の根本原理を象徴する創造神】

ブラフマー
（17世紀頃）

ブラフマーは、ヒンドゥー三神一体の1柱で、創造神にあたります。**神々や聖仙、魔神などこの世のすべてをつくりだした**のはブラフマーだと考えられています。また、自らが生み出した言葉の女神ヴァーチ（サラスヴァティー）と近親相姦を行い、**最初の人間マヌを誕生させました**。

もともとは「宇宙の根本原理」を象徴する概念である「ブラフマン」という存在でしたが、それが擬人化され、男性神ブラフマーとなりました。日本では「梵天」として知られています。「梵」とはブラフマンを訳した言葉です。

ブラフマーは、4つの顔と4本の腕をもつ赤い身体の白髭の老人で、鳥（ハンサ）を乗り物としています。4つの手にはそれぞれ、『リグ・ヴェーダ』、数珠または杖、弓、鉢をもちます。もともと顔は5つありましたが、シヴァの怒りを買い、首が1つ斬り落とされたといわれています。

【女性たちを魅了する美しい英雄】

クリシュナ

クリシュナは、ヴィシュヌの化身の1つで、『マハーバーラタ』ではアルジュナ（P146）の友人として登場する英雄です。紀元前に実在したヤーダヴァ族の精神的指導者がモデルとされます。

クリシュナとは「黒い者」という意味で、横笛を吹く姿で描かれることが多く、額にはヴィシュヌをあらわすU字型のマークが刻まれています。数々の武勇を誇りながら、**その美貌で女性たちを魅了し、1万6000人もの妻がいた**とされます。

クリシュナは牛飼いの子として育てられ、やがて残忍なカンサ王のほか、ヤムナー河を毒で汚す竜王カーリヤなど、次々に悪鬼や暴君を打ち負かしました。ヤーダヴァ族の王となり、クル族の大戦争にも参戦します。しかし最期は、漁師が誤って放った矢が弱点の足裏に命中し、絶命。この逸話から、クリシュナは弱点をもった英雄アキレウスやジークフリートの系譜にあたるといえます。

クリシュナ
（14世紀、
フラスコ画）

ガネーシャ
【現世利益で大人気の象頭神】

踊るガネーシャ
（© Jean-Pierre Dalbéra and licensed for reuse under Creative Commons Licence）

破壊神シヴァと美しい女神パールヴァティーのあいだに生まれたのが、ガネーシャです。もともとはインドの一地方の神でしたが、知恵と学問の神として、また現世利益をもたらす富と繁栄の神として知れ渡り、いまでは全インド的に人気の神となっています。

ガネーシャは、片方の牙が折れたゾウの顔に太鼓腹の人間の身体が組み合わさったユニークな姿をしていますが、最初からこのような姿をしていたわけではありません。

一説には、**パールヴァティーが自分の体の垢を集めて人形をつくり、命を吹き込んで誕生させたのが息子ガネーシャ**だったといいます。なにも知らない夫のシヴァがそれを見て首を斬り落とし、顔を遠くへ捨ててしまいました。それが息子だと知ったシヴァは顔を探しましたが、見つからず、代わりにつけたのがゾウの頭だったといいます。

サラスヴァティー

【人類を生み出した川の女神】

サラスヴァティーは、ヴェーダ時代から伝わる古い女神で、**インド北西部にあったとされるサラスヴァティー川が神格化したもの**と考えられています。言葉や知識、音楽の神でもあり、言葉の女神ヴァーチと同一視されます。

豊満で美しい女性の姿をしていて、4本の手のうち2本の手で琵琶に似た楽器ヴィーナをもち、残りの手で数珠と聖典をもちます。

サラスヴァティーは創造神ブラフマーの体から生まれ、あまりにも美しかったことから、ブラフマーはどの角度からも娘の顔が見えるように、**5つの顔（4方向と空）**をつけました。やがて、父ブラフマーから性の対象として見られていると感じた女神は天空に逃げます。それも無理だとわかると、近親相姦で最初の人間マヌを出産します。父の欲望にふりまわされた女神ですが、これがインド神話における人類誕生の物語になりました。

サラスヴァティー（ラヴィ・ヴァルマ画／1896年）

第5章 いちばんやさしいメソポタミア神話

【楔形文字で記された世界最古の神話】

メソポタミア神話とは何か？

No.1

シュメール＝アッカドの神話が母体に

メソポタミア神話は、四大文明の1つであるメソポタミア文明のなかで生まれた古代神話です。

メソポタミアとは、ギリシア語で「ふたつの河のあいだ」を意味し、その名の通り、チグリス川とユーフラテス川という2つの大河にはさまれた「肥沃(ひよく)な三日月地帯」が舞台となりました。ここで灌漑(かんがい)農業がはじまり、文明が発展しました。いまでいうと、中近東のイラクにあたります。

最初に覇権をにぎったのは、紀元前4000年紀の末にこの流域に侵入してきた民族系統不明の**シュメール人**です。ラガシュやウンマ、ウル、ウルクといった都市国家

イスラム教の台頭で一度は失われた神話

メソポタミア文明の中で生まれた神話

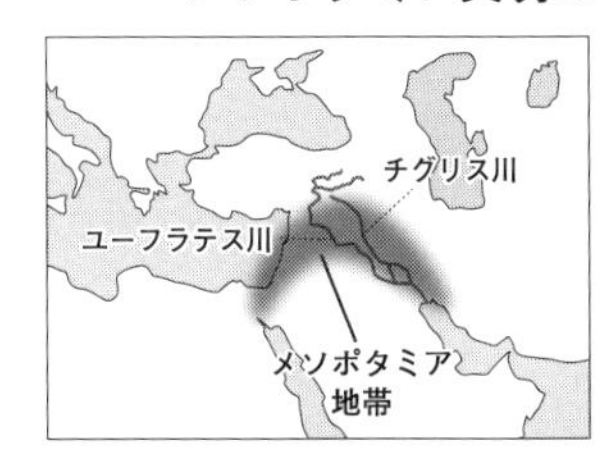

紀元前4000年紀末

シュメール人が
楔形文字で
神話を残す

↓

アッカド人がそのまま継承

その後、キリスト教・イスラム教の台頭で神話は失われる

↓

19世紀以降の発掘調査で再発見

が築かれました。シュメール人は、**粘土の石板に刻みつける楔形（くさびがた）文字によって多くの神話を残しました。**楔形文字は世界最古の文字といわれているので、これが現存する世界最古の神話文書にあたります。

その後、西のシリア砂漠からセム語系の遊牧民アッカド人が侵略し、シュメール人を追い出しました。紀元前24世紀には、サルゴン王がアッカド王朝を成立させ、メソポタミア地域で最初の統一国家を築きます。

アッカド人は文化的にシュメール人より劣っていたこともあり、楔形文字をはじめとする**シュメール文化をそのまま吸収**しました。シュメール語で書かれた神話はアッカド語に翻訳して継承し、シュメールの神々も名前を変えただけでほとんどそのまま信仰しました。**「シュメールの神＝アッカドの神」**となり、これがメソポタミア神話の母体となります。

その後、ふたたびシュメール人がこの地域を支配し、ウル第3王朝を成立させます。

紀元前19世紀になると、セム語系のアモリ人がメソポタミアに都市国家を築き、バビロニア帝国が誕生します。**紀元前18世紀にはハンムラビ王がはじめてメソポタミア全域を統一**しました。紀元前11世紀頃になると、北メソポタミアのアッシリアが台頭しますが、ふたたびバビロニアが勃興し、メソポタミア地域は新バビロニア王国となります。ところが紀元前6世紀、東方からペルシア人の大帝国アケメネス朝が侵攻してきて、首都バビロンは陥落。メソポタミア地域はその支配下におかれました。

以上のような歴史のなかで、メソポタミア神話は醸成されてきましたが、**その後のキリスト教やイスラム教の発生とともに完全に「失われた神話」となってしまいます。**それが19世紀以降に大量に発掘された楔形文字を記した石板によって再発見されることになったのです。

現生を重視する現実的な宗教観

メソポタミア神話の最大の特徴は、極めて現実的な宗教観にあります。同じ古代文明でも、中東地域との出入口がスエズ地峡の一箇所に限られていたエジプトは、異民族の侵入に怯える必要はなく、比較的おおらかな宗教観が生まれました。人間は死んでもその魂は不滅と考えられました。

　これに対しメソポタミアは、交通の要衝にあたるため交易が発展しましたが、同時に、次から次へと侵略してくる異民族の恐怖にも怯えなければなりませんでした。そのためメソポタミア神話は、**いつ死が訪れても仕方ないという諦念（ていねん）に彩られ、悲観的で現実的な宗教観となりました**。そして、ときに現代にも通じるような普遍的で哲学的なメッセージを刻むようになったのです。

　メソポタミアの人々は、太陽や月、星、嵐、雷、雨といった自然現象のすべてを信仰の対象としたので、多くの神が生まれました。擬人化された神々は、肉体をもってこの世に存在し、ときに死すべき運命にあります。

最高神にあたる神はなく、神々の序列もあいまいで、それぞれの物語によって変わります。複数の物語にまたがって顔を出す神もいます。

　人間は神に代わって労働をするためにつくられたものでした。人間は死すべき運命にあり、死後の世界はあまり重要視されていません。

神は人間を守ってくれる存在なので、人々は熱心に信仰しました。都市には数層の段をもつ大規模な聖塔（ジッグラト）が築かれ、都市の守護神を祀り、動物や食料などを奉納しました。

おそらくここで神官が石板の文書を大勢の大衆の前で朗誦したと考えられます。そのため、神話の文体はリズミカルになり、読み手を惹きつけるような優れた物語構成に発展したのです。

有名神話のパターンを提供

メソポタミア神話には、創世神話や英雄神話、洪水神話などがありますが、じつは**これらの多くは世界各地の有名な神話の原型となっています**。メソポタミア神話の主な物語を見てみましょう。

創世神話にあたるのが、『**エヌマ・エリシュ**』です。この神話では、旧世代と新世代の神々が激突する戦いが描かれています。旧世代の万物の母ティアマトが新世代の神々の大将についたマルドゥクに切り裂かれ、チグリス川とユーフラテス川が生まれ、また、ティアマトの息子キングの血から神々のために働く人間が創造されます。マルドゥクはバビロンを建設し、バビロニアの主神となります。これは『旧約聖書』の天地創造やギリシア神話のティタノマキアに通じる物語となっています。

『アトラハシス物語』は洪水神話です。神々は、人間が増えすぎて騒がしくなったため、洪水を起こして人間を滅ぼすことにします。しかし、知恵の神エンキ（エア）から船をつくることを命じられた主人公アトラハシスは、船に家族と財産、動物を乗せ、洪水による破滅を免れます。これは言うまでもなく、『旧約聖書』の「創世記」のなかにとりいれられている「ノアの方舟」の物語の原型となっています。

『ギルガメシュ叙事詩』は、ウルクの王ギルガメシュの壮大な冒険物語です。無二の親友エンキドゥの死にうちひしがれたギルガメシュは、不死を求める旅を経て、運命をあるがままに受け入れる境地にいたります。

これは、ヨーロッパの「ローランの歌」やケルト神話の「アーサー王伝説」を彷彿とさせる英雄譚です。物語のパターンとしては、ホメロスの『オデュッセイア』の原型といわれています。

『**イシュタルの冥界下り（イナンナの冥界下り）**』は、美と愛の女神イシュタルが、姉である冥界の女王エレシュキガルに会いに行くため、地下に降りていく話です。冥界に監禁されたイシュタルを救い出すため、昔の愛人ドゥムジが人質として送り込まれ、彼女は地上へ戻ります。ドゥムジは、半年だけ地上に帰ることが許されました。

イシュタルはギリシア神話のアフロディテにあたり、アフロディテが冥界の女王ペルセポネと美少年アドニスを分け合う話に通じます。

『**サルゴン伝説**』は、アッカド王朝の創始者であるサルゴン王の物語です。サルゴンは神官の母から生まれたため、出生を隠すため、ひそかに葦の籠のなかに入れて川に捨てられます。人に拾われて、成人したサルゴンは、つぎつぎと周囲の国々を征服していきます。

これは『旧約聖書』の預言者モーセや、ローマを建国したロムルス・レムス兄弟、ペルシア王のキュロス2世などの話に見られる「捨て子伝説」の原型と考えられます。

『**アンズー神話**』は、ライオンの顔をもつ鷲（わし）とされる怪鳥アンズーが、最高神エンリルがもっていた「天命のタブレット」を盗み出す物語ですが、神話の最後は伝えられていません。

メソポタミア神話の特徴

悲観的で現実的な宗教観

自然現象が信仰の対象

すべてのものに「死」がおとずれ、死後の世界は重視されない

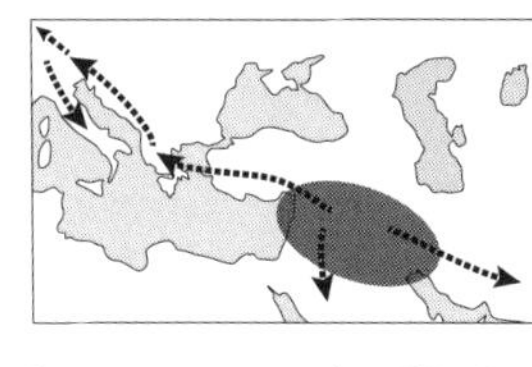

形を変えながらギリシア神話や『旧約聖書』に影響を与えた神話の源泉

このように、メソポタミア神話はどこかで聞いたことがあるような筋書きが多く、はじめて読んでも馴染みやすい内容となっています。

メソポタミア文明は、バビロニアやアッシリアの拡大や活発な交易を通して、周辺のさまざまな民族に伝えられました。そのなかで**メソポタミア神話は形を変えながらも、ギリシア神話やキリスト教の『旧約聖書』など、有名な物語に影響を与えた**と考えられます。

このように世界最古のメソポタミア神話は、世界各地の神話の源泉となっているという意味において、とても重要な神話といえます。

【神話の名場面①】

不死を求めたギルガメシュの冒険物語

No.2

親友エンキドゥと死別

メソポタミア神話を代表する『ギルガメシュ叙事詩』は、シュメール王朝時代の**紀元前2600年頃**に栄えたウルク第1王朝の実在の王ギルガメシュをモデルに描かれた冒険物語です。

物語のなかの主人公ギルガメシュは、女神ニンスンと人間の王（神官という説もあり）のあいだに生まれていて、**3分の1が人間で、残り3分の2が神の身**となりました。

神譲りの桁違いの腕力を手にしたギルガメシュは、その強大な力を無軌道に振り回す暴力的な王となりました。ウルクの住民はその横暴さに苦しめられることになります。

すると神々は、ギルガメシュを諫(いさ)めるため、**粘土からつくったエンキドゥ**を送り込みます。ギルガメシュはエンキドゥとの激しい決闘のすえ、自分は無敵ではないことを悟り、反対にエンキドゥと固い友情で結ばれます。

あるとき、ギルガメシュは女神イシュタルの求愛をうけますが、これを拒んだことから、女神は怪物の「天の牛」を放ちました。牛が鼻息を吐くたびに大地に割れ目ができ、ウルクの住民がつぎつぎに呑み込まれていきました。

するとエンキドゥは、牛の角をつかんで格闘し、さいごは唾を吐きかけて目潰しを食らわし、殺害しました。ところが、**神々の所有物である天の牛を殺したことは重罪に値するとされ、エンキドゥには死が宣告されます**。エンキドゥはすべてを受け入れ、静かに息を引き取りました。

ギルガメシュは、突然の親友の死にうちひしがれ、それまでの溌剌(はつらつ)とした若さをすっかり失ってしまいました。彼は、極端に死を恐れるようになりました。そんなとき、不死を手に入れたというウトナピシュティムという男の存在を知ります。ギルガメシュは、不死を求める旅にでました。

若返りの草を失う

過酷な旅をつづけたギルガメシュは、太陽神シャマシュが出入りをするマーシュ山につきます。サソリ人間が守る入口をくぐり、闇の世界を通りすぎると、宝石の実がなる光の世界にでました。

そこにあらわれた酒屋の女主人シドゥリは、**「永遠の命を求めることは無駄だから、いまある生を楽しみなさい」**と諭しますが、ギルガメシュはなおも旅をつづけます。

ウルシャナビという船頭の助けで死の海をわたると、ついに、ウトナピシュティムのもとへ案内されました。ウトナピシュティムは、ギルガメシュの熱意に負けて、不死の秘密を次のように語りました。

「大昔、神々は人間を滅ぼそうと決意し、大洪水を起こしたが、人間を哀れんだ神エアの警告にしたがい、方舟をつくり、家族や動物を乗せて洪水を乗り越えることで神から不死を授かったのだ」

この話はまさに『旧約聖書』の洪水伝説（ノアの方舟）の原型となっています。

ギルガメシュは、かつて大洪水がつづいたのと同じ6日6晩、眠らずに過ごすとい

死を恐れたギルガメシュの物語

激闘の末、友情で結ばれた
ギルガメシュとエンキドゥ

天の牛を殺した罪でエンキドゥは死を迎える

ギルガメシュは不死を求めるが
若返りの草を蛇に食べられ、
限りある命を生きる決意をする

う試練に挑みますが、ほんの一眠りしたつもりが、６日間も眠り続けていました。

失意のギルガメシュに、ウトナピシュティムは「若返りの草」を与えます。ところがギルガメシュは、ウルクへの帰り道、泉で水浴しているあいだに、その草をヘビに食べられてしまいました。これによって、ヘビなどの爬虫類は脱皮して若返ることができるようになったのです。

このエピソードは、人間は若返りができず、老いて死ぬ運命になったことを意味しています。

失意に涙したギルガメシュは、やがて悟ります。**限りある命を精一杯生きよう——。**そう決意し、ウルクへ帰還するのでした。

【神話の名場面②】

光と闇の権力を欲したイナンナの冥界下り

No.3

美の女神が全裸にさせられる

シュメール系の有名な神話に「イナンナの冥界下り」があります。アッカド系神話では、女神の名前が「イシュタル」と変わりますが、同様の物語が伝わります。ここでは、オリジナルとなるシュメール版を中心に見てみましょう。

女神イナンナは、美しい豊穣の女神で、ウルクの守護神でした。夫は、若い牧者ドゥムジ（タンムズ）です。ドゥムジは、イナンナに乳製品をプレゼントするなどして彼女のハートを射止めました。アッカド版では、イシュタルに多くの愛人があり、ドゥムジも愛人の1人にあたります。**イナンナは天界で最高の女神でしたが、それだけでは満足せず、冥界の女王の座も手にしたいという野心をもちました。**冥界の女王は、イナンナの姉エレシュキガルでした。

イナンナは、小間使いの女神ニンシュブルをよび、「3日たっても帰ってこなかったら、神々に助けを求めなさい」と言い残し、いつも以上に美しく着飾って冥界に下りていきました。

冥界にいたる道には7つの門があり、それぞれに門番が待ち構えていました。するとイナンナが門を通るたびに、王冠からイヤリング、ネックレス、ブローチ、帯、ブレスレットとアンクレットが順番に奪いとられ、さいごは腰布もはぎとられ、エレシュキガルの前にたどり着いたときには全裸の状態となっていました。そして、エレシュキガルがイナンナに死の眼をむけると、一瞬にしてイナンナは死体の姿に変わり果ててしまいました。

薄情な夫を冥界送りに

小間使いのニンシュブルは、イナンナが冥界に下りて3日たっても戻らないので、風の神エンリルと月の神ナンナルに助けを求めました。ところが両神は、天と冥界の両方を我が物にしようとしたイナンナが悪いとして、拒否しました。

そこでニンシュブルは、水の神エンキに相談します。エンキは、自分の爪からクルガルラとガラトゥルという2柱を創り出し、それぞれに生命の草と生命の水をもたせ、冥界に送り込みました。2柱は、エンキの指示にしたがい、エレシュキガルからイナンナの死体をもらいうけ、その死体に生命の草と生命の水をかけました。すると、彼女は息を吹き返し、復活します。

イナンナは冥界から脱出しますが、冥界の2人の悪魔が見張りとしてついてきました。**悪魔を振り払うには、身代わりの者を冥界に送る必要があった**のです。

イナンナは夫ドゥムジに再会します。ところが彼は、妻の失踪にもまったく心配していた様子がありません。怒ったイナンナは、冥界の悪魔にドゥムジを代わりに連れていくように頼みます。

ドゥムジは太陽神ウトゥの助けで、姿を変えて逃げようとしますが、悪魔たちは依然としてぴったりとついてきます。そこで、姉のゲシュティアンナのもとに逃げますがそれも無駄で、ついに悪魔に手を引かれ冥界に下りました。**ドゥムジは1年の半分は冥界につながれ、残りの半分は姉ゲシュティアンナが冥界にとどまることになりました。**

地上と冥界の２つを欲した女神

冥界へ下ります
３日経っても帰らなかったら
神々に助けを求めなさい

美しく着飾って冥界へ

姉エレキシュガルに一度殺されるが神々の助けにより復活

姉 エレキシュガル
冥界の女王

妹 イナンナ
天界の女王

姉妹神で対となる光と闇を象徴

以上の物語は、アッカド系神話のイシュタル版では少し違った内容となります。イシュタルが全裸の姿になったとき、姉エレシュキガルはその美しさに嫉妬し、彼女を冥界の奥深くに監禁することにしました。地上では豊穣の神が失踪したことで、あらゆる生殖活動が止まってしまい、困り果てた神々が愛人ドゥムジを殺して、イシュタルの身代わりとして冥界に送ることになります。

いずれにしても、この「イナンナ（イシュタル）の冥界下り」では、**姉妹神が一対となって光と闇を象徴**しています。神がもつ正反対の2つの側面を説明する神話となっているのです。

ギルガメシュ

【不死を求めて旅立った英雄王】

ギルガメシュは、ウルク第1王朝の実在の王をモデルとしています。**神話では、半神半人の王とされ、その統治は126年に及びました**。

ハンサムでたくましい体躯をしたギルガメシュは、しだいに傲慢となり、女たちを犯し、民衆に過酷な労働を課す暴君となりました。しかし、神々が創ったエンキドゥとの戦いのすえ、改心します。親友となったエンキドゥと力を合わせ、森の怪物フンババを退治しました。このフンババ退治は、貴重な資材である杉の獲得を意味する一方、自然破壊行為とする批判的な解釈もあります。

ギルガメシュは、女神イシュタルの求愛を拒んだことから、彼女の復讐にあい、親友エンキドゥを失います。極端に死を恐れるようになり、永遠の命を求めた冒険に旅立ちますが、その願いは叶わず、ウルクに帰還。さまざまな試練をへて悟りを開いた彼は、民衆に寄り添う名君となりました。**神話では彼の死について語られていません**。

もともとのギルガメシュは、暴力を振るったり死の恐怖に怯えたり、一般的な英雄像からはかけ離れた存在です。しかし、つまづきながら成長していくところには人間的な魅力があります。

ギルガメシュとエンキドゥは２人で天の牛を殺したが、罪を背負い罰を受けたのはエンキドゥだった。（『「天の牛」を殺すギルガメシュ』作者不明／紀元前2000年頃？／ブリュッセル王立美術歴史博物館所蔵／© U0045269 and licensed for reuse under Creative Commons Licence）

エンキドゥ

【野人から人間となった英雄】

エンキドゥと考えられている像（紀元前2000年前後）（©Osama Shukir Muhammed Amin FRCP(Glasg)）

天神アヌの命令で、女神アルルが粘土から創りあげたのが、エンキドゥです。エンキドゥの身体は全身毛むくじゃらで、**まさに野人**でした。

ある日、彼を見て驚いた狩人が、父の助言とギルガメシュの協力を得て、ウルク神殿の娼婦を連れてきました。エンキドゥは6日7晩、娼婦と交わり、その結果、動物のような肉体は衰え、その代わり人間なみの知性を身につけました。

ギルガメシュとの互角の戦いをへて、彼の親友となりますが、2人は神々の所有物である「天の牛」を殺すという過ちを犯します。神々は2人のうちエンキドゥを選び、死を与えました。

エンキドゥは、神殺しの罪を背負って死にました。一方のギルガメシュも同じ罪を背負い、過酷な旅を通してその汚れを清めました。**2人の運命は、生者と死者に分かれましたが、本質的には生き写しのような関係だった**といえます。

【120人の愛人をもった豊穣の女神】
イシュタル

イシュタルと考えられている女神（紀元前2150年頃）

アッカド系神話の女神イシュタルは、**古代メソポタミアで広く崇拝された女神**です。地域や時代によって名前が異なり、シュメール系神話では「イナンナ」、カナン（パレスチナ）系神話では「アスタルト」といいます。父神は、月の神シンや天の神アヌとする説があります。

豊穣の女神にして、愛と美をつかさどるイシュタルは、**ギリシア神話のアフロディテの原型**となりました。愛人の数は120人を超え、その多くは、彼女に捨てられるなどして、悲惨な末路をたどりました。ギルガメシュが彼女の求愛を断ったのも、そのためです。彼女は、怒って復讐を企てたことからもわかるとおり、気性の激しい戦いの女神という側面ももっていました。

ところで、当時、イシュタルを祀る神殿では巫女などによる売春が行われていましたが、これは一種の神聖な儀式だったといいます。

【バビロニア神話の旧世界の女帝】

ティアマト

バビロニア神話にあらわれるティアマトは、万物を創造した女神で、海を神格化した存在です。創世神話にあたる『エヌマ・エリシュ』では、ひ孫の天の神アヌやその子の水の神エアなど新世代の神々によって、夫アプスが殺されます。復讐に立ち上がったティアマトは、主神権を象徴する「天命のタブレット」を息子キングに与え、キングを中心に戦いました。ティアマト自身は竜の姿に変身して戦いますが、さいごは敵方の大将マルドゥクに矢を打ち込まれ、敗れました。

マルドゥクによって**2つに引き裂かれたティアマトは、それぞれ天空と大地になりました**。乳房は山となり、そのそばに泉があらわれ、両目からチグリス川とユーフラテス川という2つの大河が流れ出ました。ちなみに2016年の映画『君の名は。』に登場する架空の彗星が「ティアマト」で、2つに割れることを暗示した名前となっています。

【人間を創造したバビロニアの守護神】

マルドゥク

マルドゥクとも考えられている人物（右）。左はハンムラビ王

マルドゥクは、バビロニア神話にあらわれる英雄神です。水の神エアが淡水の神アプスを殺し、さらにその遺体のうえに住居をつくると、身ごもっていた彼の妻がマルドゥクを生みました。

こうして生まれたマルドゥクは、4つの目と耳をもち、あらゆる出来事を見透かす力をもった巨神でした。シュメール語で**「太陽の若き雄牛」**を意味していることから農耕神でもあります。

神々の戦争では創造神ティアマトをたおす大活躍をします。神々に命じて都市バビロニアをつくらせ、そこを自らの拠点としました。さらに、**ティアマトの息子キングの血から神々のために働く人間を創りました**。実際、マルドゥクは、バビロン第1王朝のハンムラビ王の時代に風の神エンリルに代わって最高神となっています。新バビロニア王国時代にも、マルドゥク神崇拝は盛んになりました。

【カナン地方の豊穣の神】

バアル

シリアで発掘された雷雨神の石碑。バアルとも考えられている（紀元前900年頃、ルーブル美術館所蔵）

現在のパレスチナにあたるカナンでは、バアル神話が広がりました。バアル神話の最高神はエルで、エルと女神アスタルト（イシュタル）とのあいだに生まれたのがバアルです。「主」を意味するバアルは、**天候を支配する風や雷雨の神**です。

バアル神話には、戦いに関する話が多く、父エルが神々を招集したとき、やはりエルの息子である海の神ヤム・ナハルが後継者を名乗り出て、バアルと対立しました。エルがヤムの主張を認めたため、怒ったバアルはヤムに戦いを挑み、魔法の棍棒を使ってたおし、神々の王となりました。荒ぶる自然を象徴するヤムに打ち勝ったことは、自然界を制御する力をもったことを意味します。

また、バアルは冥界の神モトとのあいだで7年ごとに決着をつけるという戦いをつづけました。これは**豊作と不作が7年ごとに入れ替わる**ことを象徴していて、豊穣神の側面を示しています。

第6章 いちばんやさしいエジプト神話

【ナイルに育まれた太陽神ラー信仰】

エジプト神話とは何か？

No.1

エジプトはナイルの賜物

ギリシアの歴史家ヘロドトスは、「エジプトはナイルの賜物」と言いました。この言葉の通り、**ナイル川がなければエジプトの古代文明は存在しなかった**と考えられます。

アフリカ北部に位置するエジプトは、その国土のほとんどが人の住めない死の大地サハラ砂漠に覆われています。そのなかにあって、南北を貫くナイル川流域の細長い緑地と、地中海に面したデルタ地帯だけが、人の住める地域となりました。

古代エジプト人は、このナイル川流域に住みつくと、世界を「ナイル川流域」と「その外の荒地」の2つに分けて考えました。つまり、**「ナイル川流域」は「生の世界」であり、「その外の荒地」は「死の世界」**です。

「上エジプト」と「下エジプト」の世界

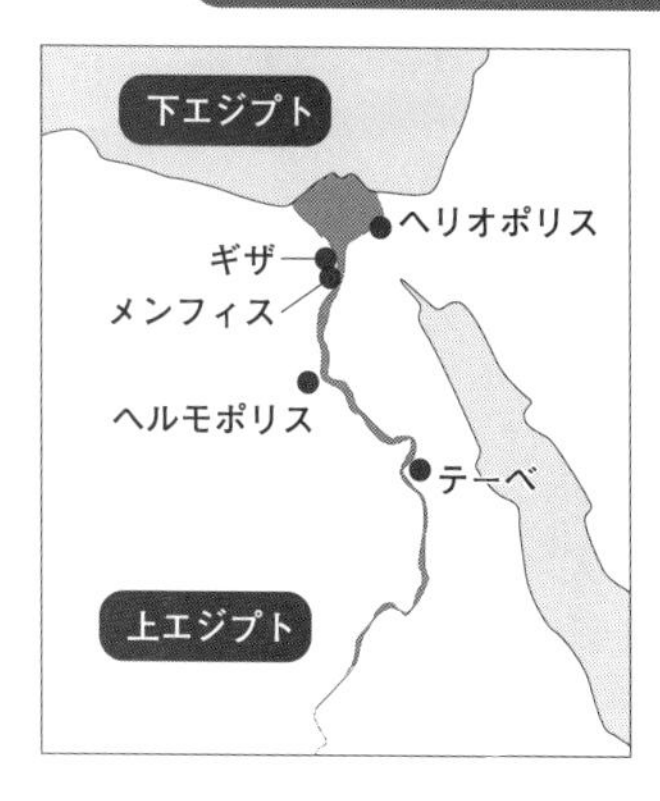

紀元前2850年頃

上エジプトが
下エジプトをたおし
統一国家ができる
（その国家の王がファラオ）

↓

31の王朝が興亡を
繰り返す王朝時代へ

『ピラミッドテキスト』
『死者の書』などで
神話が伝承される

エジプト神話には、このような生と死の二元論が反映されています。それが地上の王のホルス神と冥界の王のオシリス神に象徴されます。

一方、ナイル川そのものも2つに区別されました。**上流の「上エジプト」**と**下流の「下エジプト」**です。豊かな水をたたえるナイル川は、毎年定期的に起きる洪水によって肥沃な土を運んできました。このとき、栄養豊富な黒土が流れ込み、緑が生い茂る「上エジプト」と、デルタ地帯で岩石が多い「下エジプト」では異なる風景となりました。

上エジプトと下エジプトには、異なる2つの国がありましたが、それが紀元前2850年頃、上エジプトのナルメル（メネス）王が下エジプトをたおし、統一されます。

統一国家の王（ファラオ）は、上エジプトを象徴する白冠と下エジプトを象徴する赤冠を統合した赤白の冠をかぶりました。そして**ファラオは、生きているあいだはホルス神であり、死んだあとはオシリス神になると考えられた**のです。

「死者の書」などの解読で明らかに

象形（しょうけい）文字の発達した古代エジプトでは、神話も文字によって伝えられました。文字史料としては、大きく2つあります。

1つは、**ピラミッドの壁面に書かれた「ピラミッド・テキスト」**です。クフ王の巨大ピラミッドなどは、略奪にあって何も伝わっていませんが、古いものでは紀元前2340年頃に建造されたウナス王の「ピラミッド・テキスト」があります。

もう1つは**「死者の書」**です。これは新王国時代（紀元前16～11世紀）、死者の審判のときに無罪になるための呪文としてパピルスに書かれ、死者とともに埋葬されたものです。

こうした「ピラミッド・テキスト」や「死者の書」は、19世紀以降に解読が進み、忘れられていたエジプト神話の世界が蘇りました。

エジプト神話は、全体として体系化されているわけではありません。エジプト神話は、ナイル川流域に栄えた各都市やさまざまな時代によって別々に発生し、それが次第に統一されていくという展開を見せました。

統一国家が生まれる前のエジプトでは、異なる文化や信仰をもった多くの部族が生活していました。各部族は、太陽や月、ナイル川流域に生きる動物や植物を神と崇め、守護者として信仰しました。そのため無数の神が生まれました。しかも、それらの神はとてもユニークな形となりました。**たいていは、動物や鳥、爬虫類、昆虫などの姿をしている**のです。たとえば、太陽神のラーは鷹やハヤブサの頭をしています。

さて、前述のように上エジプトのナルメル王が上下エジプトを統一します。ここから、31の王朝が興亡を繰り返す王朝時代がはじまりました。

エジプト王国は政治と宗教が一体化し、ナルメル王は、自分の出身地の氏神だったホルスの化身と称しました。しかし、この王朝の首都メンフィスの対岸の都市ヘリオポリスには、すでにエジプト最古の神話（ヘリオポリス神話）が確立していて、徐々にその影響を受けるようになります。

このヘリオポリス神話以降、いくつかの神話体系が生まれていきます。

最高神はアメン＝ラーに統一

エジプト神話には、「ヘリオポリス神話」のほか、「ヘルモポリス神話」「メンフィス神話」「テーベ神話」という大きく4つの神話体系があります。これらを順番に見てみましょう。

①ヘリオポリス神話（下エジプト）

ヘリオポリス神話は、天地創造と神々の誕生を描いています。

世界のはじまりは、原初の水であるヌンです。**ヌンの水面に、創造の神アトゥムが自力で出現し、宇宙を創造します**。このアトゥムの出現は、ナイル川の洪水後に水が引いて大地があらわれる様子を暗示していると考えられます。

アトゥムは、ヘリオポリスの丘のうえに立ち、唾液を垂らし、そこから大気の神シュウと湿気の女神テフヌトが生まれました。この両者のあいだに大地の神ゲブと天空の女神ヌトが生まれ、さらにこの両者のあいだに男神オシリスとセト、女神イシスとネフティスが誕生します。こうしてアトゥムが生み出した**「9柱の神々（エネアド）」**は、偉大な神として崇拝されました。エジプトでは、9の数字は「全部」「無限」を象徴する数字として神聖視されます。

このアトゥムは、第5王朝の時代（紀元前25～24世紀）になると、同じくヌンから生まれた**太陽神ラーと同一視**されるようになりました。呼び名も**アトゥム＝ラー**と変わります。アトゥム＝ラーの権威の高まりとともに、ラーが最初のファラオとされ、エジプト王家はラーの子孫という解釈になりました。

②メンフィス神話（下エジプト）

古王国時代、ヘリオポリスに対抗して首都メンフィスで起こったのがメンフィス神話です。メンフィス神話では、最高神がプタハとなり、ヘリオポリスの9柱も、プタハが生み出したものとなります。プタハはヌンであり、アトゥムであり、すべての源である豊穣の神となりました。

③ヘルモポリス神話（上エジプト）

都市ヘルモポリスは、ヘリオポリス、メンフィスに次ぐ第3の神話の拠点となりました。ヘルモポリス神話では、原初の水から8柱（オグドアド）が生まれ、彼らが一致団結して宇宙を創る話となりました。8柱とは、ヌン、ナウネト、フフ、ハウヘト、クク、カウケト、アメン（アモン）、アマウネトです。このうち**アメンは、のちにテーベ神話で最高神に発展**します。

④テーベ神話（上エジプト）

中王国時代（紀元前21世紀〜紀元前18世紀頃）、エジプトは異民族ヒクソスの侵入をゆるしますが、これを撃退し、新王国時代がはじまります。この時代は、首都テーベの守護神である**アメン信仰が盛ん**になりました。

テーベ神話の最高神となったアメンは、やがて下エジプトのヘリオポリス由来の最高神ラー（アトゥム）と結びついて、**アメン＝ラー**となります。さらには、メンフィス由来の創造神プタハとも同一視されるようになりました。こうしてアメン崇拝は全盛期を迎えました。紀元前14世紀、アメン・ホテプ4世により唯一神アトン信仰が起こりますが、多神教のエジプトにはなじまず、一代にて終わります。

物語性豊かなオシリス神話

エジプト神話の特徴

神々の姿	動物や鳥、爬虫類、昆虫などの姿	
内容	【ヘリオポリス神話】（下エジプト） 創造神アトゥムの出現 ↓ 太陽神ラーと同一視される	【ヘルモポリス神話】（上エジプト） 原初の8柱を創造 そのうちアメンがのちに最高神になる ↓ ラーと結びついて「アメン＝ラー」に

太陽神が重要なポジションを占める

以上、ヘリオポリスからテーベにいたる神話群は、大きくは、**最高神ラー（アトゥム）による「天地創造と神々の誕生神話」**となっています。

これに対しエジプト神話のなかには、歴史上の出来事をベースに、ファラオの王位の正当性を示すために書かれた**「オシリス神話」**があります。

オシリス神話は、古王国時代の末頃に書かれた「ピラミッド・テキスト」にすでに読み取れますが、ギリシアの著述家プルタルコスが著した『イシスとオシリス』によって、エジプト神話のなかでは珍しく物語文学として伝わりました。

【神話の名場面①】

冥界の王となったオシリス

No.2

エジプト国王として繁栄を築く

エジプト神話のなかでももっとも有名なオシリス神話を見てみましょう。

太陽神ラーは、大地の神ゲブと天空の女神ヌトの結婚に反対し、ヌトに呪いをかけます。ヌトは、1年360日のうちに子供を産めなくなりました。そこで知恵の神トトはヌトに5日を与え、このあいだにヌトは、**オシリス、イシス、ホルス、セト、ネフティス**という5柱を産みます。

5柱のうち、オシリスが父の後継者に指名されました。オシリスは地上に降り立ち、**エジプト国王となり、妹のイシスを妃に迎えました**。兄妹の結婚は近親相姦に見えますが、古代エジプトの王家では、王位継承のときに兄妹で形式的に結婚することはよくあった習慣です。

新しい国王となった若く美しいオシリスは、民衆から救世主としてたいへんに期待されました。それというのも、当時は年老いたラーの権威が失墜し、国内の荒廃が進んでいたからです。豊穣の神でもあったオシリスは、人々に小麦の栽培法を教えたり、パンやビールの製造法を教え、また法律を整備し、善政をしきました。オシリスは民衆から絶大な支持を集めます。

すると、これに嫉妬したのが、弟のセトでした。セトは、オシリス暗殺を企てます。

弟セトに２度殺される

オシリスが他国に遠征中、セトはオシリスの体格に合った立派な棺を用意しました。そしてオシリスが帰国すると、宴を催し、こう告げました。

「ここに棺があります。ぴったりと体の納まる者に、この棺を差し上げましょう」

そもそもが、この宴に集まったオシリス以外の全参加者が、セトの共謀者でした。参加者たちは、順番に棺に入りますが、大きすぎて合わず残念そうな顔をします。やがてオシリスの番になりました。オシリスが棺に身を横たえると、ちょうどぴったり入りました。**その瞬間、セトと共謀者は蓋をかぶせ、棺を運びだし、ナイル川に投げ込みました。**

オシリスは棺のなかで息を引きとりました。棺は、レバノンの港町ビュブロスに打ち上げられ、巨木ヒースの幹のなかに覆い隠されてしまいました。それから、ビュブロスの王の命令により、巨木は伐採され、宮殿の円柱になりました。

妻イシスは、オシリスを探してビュブロスにやってきました。そして、魔術によって柱から棺を取りだすと、オシリスを蘇生させました。

ところが、オシリス復活を知ったセトは、イシスの目を盗み、**こんどはオシリスの身体を14の断片に切り刻んでエジプト中にばらまいてしまいました。**このエピソードは、ギリシア神話の酒の神ディオニュソスが女神ヘラによって八つ裂きにされた話を想起させます。オシリスもディオニュソスも豊穣の神という共通点があります（P61）。

さて、イシスは泣きながら遺体の断片をかき集めましたが、魚が飲み込んだ男根だけは見つかりませんでした。この魚は古代都市オクシュリュンコスの聖魚で、セトの化身とされています。

弟に命を狙われた冥界の王オシリス

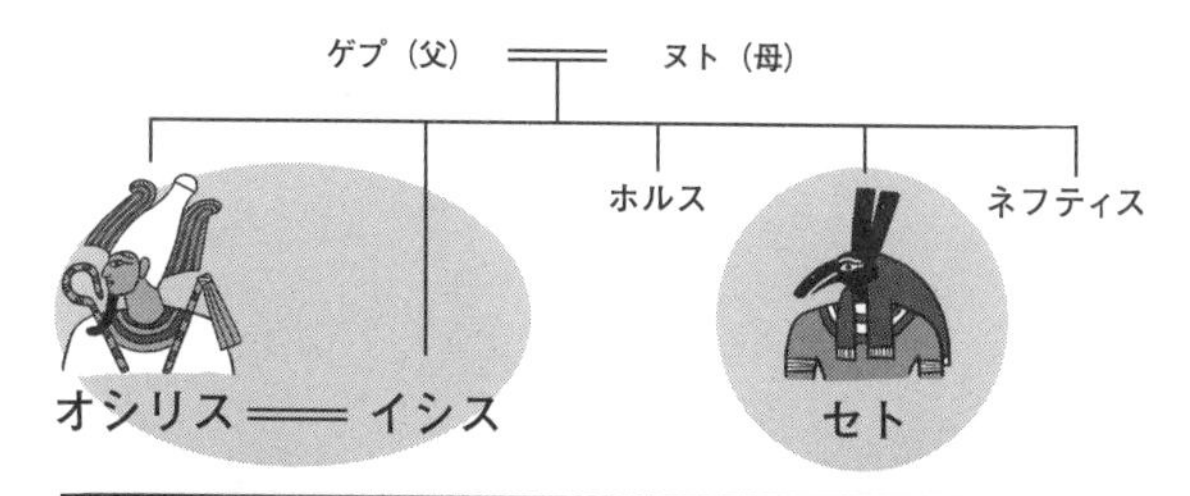

民衆の支持を集めるオシリスに嫉妬したセトは兄の暗殺を企てる

⬇

２度死ぬが、復活ののちに冥界の王となる

状況を見守っていた太陽神ラーは、死者の神アヌビスに命じて、オシリスの遺体をミイラにさせました。そしてイシスの神通力によって、オシリスはふたたび蘇生します。

こうして最終的に死に打ち勝ったオシリスですが、もはや地上にとどまることはありませんでした。**オシリスは、冥界の王と**なります。冥界の王という恐ろしいイメージがありますが、オシリスは死者の魂を裁き、正しい魂の者には死後も永遠の生を保証しました。オシリスはむしろ**死と再生を司る神として崇敬された**のです。オシリスが冥界にくだったことは、神の力が世界に行き渡ったことをあらわしています。

【神話の名場面②】
上下エジプトを統一したホルスの復讐劇

No.3

ホルスとセトの80年戦争

オシリス神話には、オシリスの息子ホルスにまつわるつづきの話があります。弟セトによって八つ裂きにされたオシリスは、妻イシスやラーの助けにより、ミイラになって復活しました。男根は失われていましたが、粘土で補完され、イシスは魔術的方法を使って懐妊します。こうして生まれたのが、ホルスでした。

イシスは、デルタ地帯の沼地にかくれてホルスを育てました。やがて一人前に成長したホルスは、**父を殺した叔父セトへの復讐に向かいます**。

まずホルスはエジプトの神々に、「自分はオシリスの息子であり、自分に王位継承権がある」と訴えました。しかし、イシスはオシリスの死後に懐妊しているので、本当にホルスがオシリスの息子かどうかは議論となりました。知恵の神トトをはじめとする神々はホルスの主張を認めましたが、宿敵のセトは認めません。ここから、ホルスとセトの対立が80年もつづくことになります。

神々は、イシスを除いて、「中の島」に集まって話し合うことにします。ところが、イシスは若い娘に変身して島に潜入し、**セトの口で「ホルスに王位継承権がある」と言わせてしまいます**。

それでもセトは自分の主張を認めることはなく、ホルスに直接対決で決着をつけようとよびかけました。2柱は、カバの姿になって河に潜り、「先に上陸した者が負け」となりました。

すると、ここにもイシスが介入します。彼女は、水中に投じた銅の釣り針でセトをつかまえると、陸に引きずりあげようとしました。セトはイシスに、「お前は私と同じ母から生まれたではないか」と涙ながらに訴えます。イシスは動揺し、針を落としてしまいました。

これに腹を立てたのがホルスでした。ホルスは母イシスが自分を裏切ったと思い、**イシスを追いかけてつかまえると、なんと、首をはねるという暴挙に及んだ**のです。

女神ハトホルがホルスを救う

母殺害は重い罪です。罰として、セトがホルスの両眼を奪い、山中に埋めました。すると、愛と美の女神ハトホルがあらわれ、ホルスにカモシカの乳を与えてその両眼を治療しました。ホルスは息を吹き返しました。**この女神ハトホルが、ホルスの妻**とされています。ハトホルの語源は「ホルスの家」とする説があります。

ホルスとセトは、神々の忠告により、ようやく仲直りしました。ところが、セトは内心ではホルスのことをまったくゆるしておらず、ホルスを陥れる計画をめぐらせました。

あるときセトは、「石の船で競争しよう」とホルスにもちかけました。セトは石で船をつくりました。ホルスは杉の木で船をつくり、外観を漆喰でおおって石のように見せかけました。競争がはじまると、セトの船は水に沈んでいきました。するとセトはカバの姿になってホルスを水中に引きずり込もうとしましたが、ホルスは槍を突いて抵抗し、なんとか難を逃れました。

2人の争いが絶えないことから、トトは冥界のオシリスの判断をあおぎました。そ

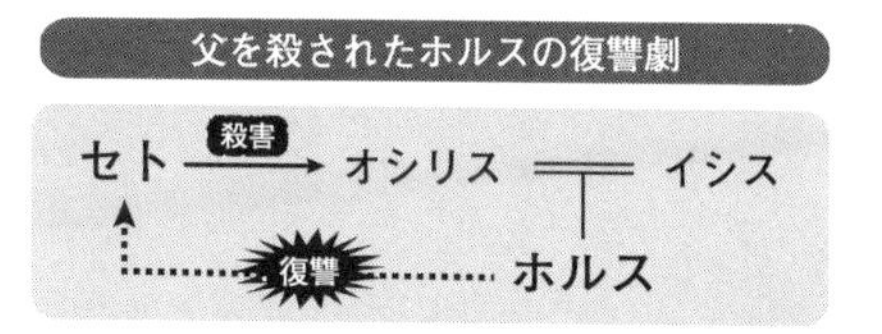

復讐への協力を約束していた母イシスが
兄弟であるセトに同情し、復讐は失敗

その後もセトとホルスの争いは続き、
オシリスの仲裁によってホルスは王となった

の結果、ホルスが後継者として正式に認められました。

神話では、ホルスは「2つの国（上下エジプト）」の王になったと表現されます。それというのも、**この話はそのまま上エジプトと下エジプトの争いと統一の歴史をあらわしている**といわれるからです。つまり、ホルス神を象徴する上エジプトのナルメル王が下エジプトに勝利し、上下エジプトを統一し、第1王朝を樹立したということです。

これ以来、エジプト王国はホルスの血を引く神の王とされ、**ホルスの化身として民衆に崇拝される**ようになったのです。

【神話の名場面③】

人類を破壊する神から生まれた女神バステト

No.4

太陽神ラーが人類に火の神を遣わす

下エジプトのデルタ地帯にある都市ブバスティスの守護神が、**月の女神バステト**です。バステトは、人間の体に猫の頭をもった神で、いわば猫の神です。古代エジプトでは、この猫の神バステトに対する崇拝から、牝猫を大切に飼う習慣が生まれ、牝猫の食事には家族と同じ食器を使わせたといいます。牝猫が死ぬとミイラにして埋葬しました。そのため、ブバスティスの近くでは多くの猫のミイラが発見されています。

古代ギリシアの歴史家ヘロドトスは、こんな報告を残しています。

「エジプト人は、火事のときでも、火を消すことよりも猫のことを心配して見張っている。もしも、猫たちが人間たちをすり抜けて突進し、炎のなかに飛び込むと、その死を大いに悼むのだ」

古代エジプト人の過剰な猫愛を生んだ女神バステトですが、**その前身は荒々しい火の女神セクメト**でした。セクメトは、人間の体に雌のライオンの頭をもつ非常に獰猛な神です。太陽を破壊するほどの力があると恐れられました。

ライオンの姿のセクメトが、どうして猫の姿のバステトに変貌したのでしょうか？その経緯がメンフィス神話に描かれています。

セクメトの父は、太陽神ラーでした。ラーは、年老いた自分に対する民衆の崇拝が薄れてくると、腹を立てて恐ろしい罰をくだしました。それが、**火の女神セクメトによる殺戮（さつりく）**でした。

ラーは、自らの左目をえぐり出してセクメトを生み出し、彼女に民衆への攻撃を命じました。セクメトは都市を荒らし回り、手当たりしだいに人間をつかまえて襲っては、その血をすすりあげ、陽気に踊り回りました。セクメトの殺戮は来る日も来る日もつづき、このままでは人類は滅亡してしまうのではないかと思われました。

すると、これを見ていた冥界の王オシリスが、「このままでは地上から人間がいなくなってしまう」と父ラーに警告しました。我に返ったラーは、セクメトをとめようとしましたが、興奮状態のセクメトにはラーの声は届きませんでした。

女神ハトホルも火の神セクメトだった⁉

そこでラーは、一計を案じます。ラーは、まだ生きている人間たちを集め、7000杯のビールをつくらせ、これに赤土を加えて、人間の生き血の色にしました。そして、この真っ赤に染まったビールを一帯に撒き散らしました。

すると翌日、あらわれたセクメトは、ビールを生き血と勘違いして飲み干し、酔い潰れてしまいました。この隙にラーは、**セクメトから憎しみの心を取り除くことで、バステトが生まれました**。

このエピソードは、日本神話のヤマタノオロチ退治を想起させます。スサノオは、大蛇に酒を飲ませて泥酔させ、首を斬り落としました。

ラーは、ギリギリのところで人類を救いましたが、そうはいっても、自分を崇拝することがなくなった人間に愛想をつかしていました。地上の統治を放棄し、天空の女神ヌトの背に乗って上昇しました。このとき、大気の神シュウ、大地の神ゲブが下支

殺戮の女神から生まれた母性の女神

太陽神ラーの左目から生まれた
火の女神セクメトはラーより命を受ける

私に対する崇拝を忘れた
人間を殺戮せよ！

酔い潰れたセクメトから
憎しみの心を取り除き、
月の女神バステトが誕生
＝
ヤマタノオロチ退治と類似した物語

スサノオの
ヤマタノオロチ退治

えしたことから、太陽、空、大気、大地の位置関係が決まったといいます。

　メンフィス神話では、セクメトからバステトが生まれますが、同様の話はヘリオポリス神話にも伝わっていて、そこでは、セクメトからハトホルが生まれることになっています。ハトホルは、ホルスの両眼を治し、その妻となった美の女神です。**そのハトホルの前身が、意外にも、恐ろしいセクメトだったというのです。**女神ハトホルは、頭のうえに牛の角を生やしています。猫の女神バステトと牛の女神ハトホルは、ともに多産や母性、舞踏をつかさどる神として同一視されています。

ラー

【神と人類を創造した太陽神】

ラーは、下エジプトのヘリオポリスで崇拝された太陽神です。ラーとは、そのまま「太陽」を意味します。人間の体にハヤブサの頭をもち、頭上に太陽を象徴する円盤をのせた姿をしています。

昼は太陽の船マンジェトで天空を東から西に旅し、夜は夜の船メセクテトで地底の川を西から東へ旅します。これは死と再生の旅を意味します。ラーは、邪魔者の蛇神アペプと戦いながら、この船旅を無限につづける存在です。

ラーは、**創造の神アトゥムと同一視され、アトゥム＝ラーとなります**。原初の水ヌンから誕生したアトゥム＝ラーは、石の尖塔のオベリスクの先端にとどまりました。このことから、四角錐(すい)で先端を太陽に向けたオベリスクやピラミッドは、太陽信仰（ラー信仰）の象徴となりました。

「9柱の神々（エネアド）」を生み出したラーは、同時に人類も生み出しました。最初の子供のシュウとテフヌトが旅に出て行方不明になったとき、無事だった2人を見て涙し、その涙から最初の人間が生まれました。しかし、人間たちの自分への崇拝が薄れると、火の女神セクメトを遣わし、罰をくだすことも忘れませんでした。

太陽神ラー（紀元前13世紀頃）

オシリス

【死と再生をつかさどる冥界の王】

農業の神であるオシリスは、オリエントなどからもたらされた外来の神と考えられています。

王朝時代以前のエジプトでは、まだ初歩的な農業技術しかありませんでしたが、そこに新しい農業技術がもたらされます。それは定期的に起きるナイル川の氾濫に合わせた高度な農業で、人々の生活を一変させました。この**新しい農業技術そのものを象徴するのが、オシリス**と考えられます。

エジプトの中心的な神となったオシリスは、穀物が毎年のように枯れては生え変わる様子から、死と再生をつかさどる神となります。さらには、『イシスとオシリス』の物語の浸透とともに、冥界の王という性格が定着しました。

あの世へ行くとオシリスのもとで永遠の生命が約束されるという信仰の広まりから、オシリスは王族から庶民にいたるまで人気の神となりました。

オシリスは、立派な髭をたくわえ、権力を象徴する王冠をかぶり、手には杖と鞭をもった姿であらわされます。また、ミイラとなって復活したことから、体に白い包帯が巻かれている場合や、農業の神として大地をあらわす黒か緑の衣を身につけている場合もあります。

オシリス（中央）。右にいる女性の片方は妹であり妻のイシスと、もう一人の妹ネフティス（『死者の書』より）

ホルス

【上下エジプトの王となった天空神】

ホルス（『死者の書』より）

ホルスには、古来の天空神とオシリスの息子という2つの側面があります。両者はもともと別系統の神で、1つに融合されたと考えられます。

上下エジプトを統一する王となったホルスは、父オシリスや太陽神ラーと同一視されるようになり、**ラーと同じように人間の体にハヤブサの頭をもつ姿や、頭上に太陽を象徴する円盤をのせた姿**で描かれるようになりました。その両眼は、それぞれ太陽と月を象徴しました。一方で、母イシスが育てた子供として、指に口をくわえた幼い裸の少年の姿で描かれることもあります。

父オシリスを殺害した叔父セトへの復讐を果たしたホルスは、その後も孝行息子ぶりを発揮し、冥界でオシリスの仕事を助けています。

女神ハトホルとのあいだには4人の息子が生まれました。その4人は**死者の内臓の保護者**で、それぞれ東西南北を象徴するといわれています。

【最高神にのぼりつめた勝利の神】

アメン〔アモン〕

アメン（右）
（©Osama Shukir Muhammed Amin FRCP(Glasg)）

アメンは、もともとは**上エジプトのテーベ周辺で崇拝されていた地方神**にすぎませんでした。それが、テーベ付近の豪族がエジプト王にのし上がったことから、主神の座にのぼりつめました。

「アメン」とは「見ることができないもの」を意味します。最初は空気の神とされ、大気の神シューと同一視されたり、豊穣の神と見なされました。主神となると同時に最高神ラーと結びつき、アメン＝ラーとなりました。勝利の神となったアメン＝ラーは、戦時に10万人の軍隊に匹敵する生命の息吹を王に吹き込んだといいます。

アメンの姿は、羽毛飾りのついた冠をかぶった青い肌をした男や、三重の冠をかぶった羊の姿で描かれます。羊はアメンの使いとされます。

「貧者の大臣」ともよばれたアメンは、民衆に慕われました。有名なカルナック神殿やルクソール神殿は、アメン＝ラー崇拝の一大拠点です。

【聖母マリアのルーツとなった大地母神】

イシス

イシス（紀元前13世紀頃）

女神イシスは、オシリスの妻であり、ホルスの母です。女神ハトホルと同一視され、太陽の円盤と雌牛の角をつけた姿であらわされます。

イシスは下エジプトのデルタ地帯で崇拝されていた豊穣の神ですが、**もともとは外来の神**とされます。ギリシア神話には、ゼウスに愛された娘イオが、ゼウスの妻ヘラの嫉妬に悩まされて雌牛の姿になって逃げて、さいごはエジプトにたどり着いてイシスになったという話があります。「イシス」という名前もギリシア語です。

オシリスを復活させた魔術から、魔術と死者の守護神とされ、大地を再生させる大地母神の役割も担いました。**イシス崇拝は周辺の地域にも広まり、キリスト教にも影響を及ぼしました。**

子供のホルスを膝のうえに抱いて授乳する姿は、「幼児イエスを抱くマリア」であり、聖母マリア信仰のルーツになったという説があります。

【エジプト神話のアフロディテ】
ハトホル

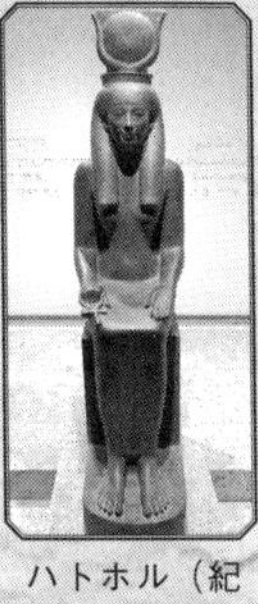
ハトホル（紀元前14世紀）（©Olaf Tausch and licensed for reuse under Creative Commons Licence）

愛と美の女神ハトホルは、ギリシア神話のアフロディテのような存在です。頭部は雌牛か、または牛の角が生えた姿であらわされます。
太陽神ラーの娘としてのハトホルは、年老いたラーに反逆する人間たちを殺戮する怪物となりましたが、オシリス信仰が盛んになるにつれて、ホルスの妻というイメージに落ち着きました。
一度死んだ夫オシリスを蘇らせたり、息子ホルスを養う女神イシスとは対照的に、ハトホルには目立った活躍がありません。ただ、両眼をえぐられた夫ホルスに乳を与えて元どおりにするという、献身的な妻を演じています。
ハトホルは、**ひたすら夫の無事を祈って家庭を守る妻のモデル**となりました。庶民から貴族まで身分を問わず多くの女性たちの崇敬を集め、安産や母性、子孫繁栄、愛など女性が求める美徳のすべての守護神とされました。

トト

【多くのエジプト文明を発明した知恵の神】

知恵の神トトは、人の体にトキの頭、頭上に月と円盤をのせ、文字を書くための板と椰子の枝を手にした姿で描かれます。神聖文字や数学、天文学、暦などエジプト文明の多くは、トトによって発明されたとされます。

トトは、下エジプトのデルタ地帯で信仰されていた古来の神で、あらゆる知恵や学問をつかさどりました。ヘルモポリス神話では、宇宙の卵を産んだ世界創造の鳥であり、ヘリオポリスやメンフィス神話では、「ラーの心臓」で、ラーの知識の象徴とされました。**古代エジプト人は、知恵や魂が宿る場所は脳ではなく心臓だと考えていた**ので、「ラーの心臓」とよばれたのです。

トトはラーの秘書となって戦いの参謀役をつとめたほか、冥界ではオシリスの法廷の書記役となりました。ギリシアの知恵の女神アテナや伝令の神ヘルメスと同一視されることもあります。

トト（『死者の書』より）

第7章

いちばんやさしいマヤ・アステカ・インカ神話

【古代文明のルーツを語る創世神話】

マヤ・アステカ・インカ神話とは何か？

No.1

アメリカ大陸で高度な文明が発達

南北アメリカ大陸では、かつて地つづきだったアジア大陸からモンゴロイド人種がやってきて住みつき、それがアメリカ原住民となりました。

彼らは、16世紀初頭にスペイン人が征服活動をはじめるまで、各地で多彩な文化を育みました。大きくは北アメリカ、中部アメリカ、南アメリカという3つの地域に分けることができますが、それぞれの地域のなかでも部族や時代ごとに少しずつ異なる神話や宗教が生まれています。

ここでは、**南北アメリカのなかでも特に高度な文明を発達させたマヤ・アステカ・インカ**に注目し、その神話世界を見てみましょう。

マヤ・アステカ・インカ神話を生んだ文明

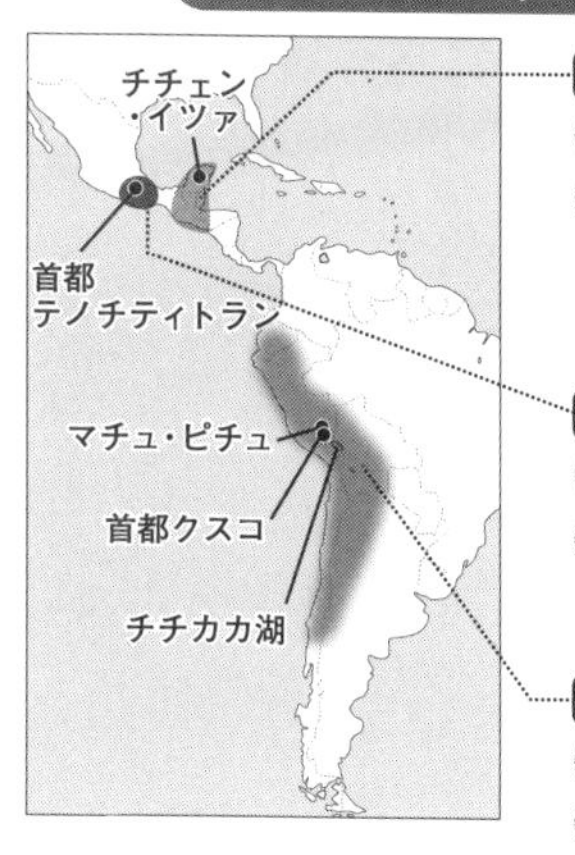

マヤ神話
時期　紀元前1000年頃のマヤ文明
特徴　アニミズム信仰、階段状のピラミッド、頻繁な人身供犠

アステカ神話
時期　13世紀頃のアステカ文明
特徴　支配地域の神々を取り込む、1521年スペインの前に陥落

インカ神話
時期　13世紀頃のインカ帝国
特徴　太陽の神殿祭祀が中心

『ポポル・ヴフ』が伝えるマヤ神話

　メキシコ南部からユカタン半島（グアテマラ、ホンジュラスなど）にかけての中部アメリカ文明圏は「メソアメリカ」とよばれます。

　メソアメリカでは、紀元前２０００年頃からトウモロコシ栽培を基盤とした定住農耕生活がはじまりました。

　この地域の人々は、**あらゆる自然現象に霊魂が宿るとするアニミズム信仰**と深くかかわりました。太陽や星、火などをつかさどる神々を崇拝し、そうした神々が作物の豊作を保障すると考えました。人々は、神々をなだめるために荘厳な神殿を築き、生贄や供物を捧げました。人身供犠の風習は古代民族のあいだに広く見られたものですが、時代をへるにしたがい、人間に代わり動物を捧げるようになります。ただ後述するように、アステカ族は人身供犠をかなり派手に行っています。

紀元前12世紀頃になると、ここからオルメカやサポテカ、テオティワカン、アステカ、マヤといった多くの文明が興亡しました。

それぞれの文明の担い手は違うものの、彼らが使った暦や文字、生活様式、言語などにはある種の共通性が見られます。神話も多様性がありながら、**洪水神話や創造と破壊の繰り返しなど共通する部分があります**。また、その共通部分の多くは、メソアメリカという枠を越えて中南米全体でも見られるものです。

マヤ文明は、紀元前1000年頃からユカタン半島で起こり、先行するオルメカ文明の影響のもとで石造建築が発達しました。

広場には階段状のピラミッドや贅沢な装飾を施した**巨大神殿**が建てられ、これが祭祀センターとしての役割を担いました。

マヤ人は、この世は原初の海に浮かぶ巨大な爬虫類の背中にあると考え、平らな世界をイメージしました。そして、神々が住む天上界、人間が住む地上界、地下界の3

層にわかれていると考えました。この3層は地上界に存在する世界樹によって連結しています。祭祀センターの**階段状のピラミッドは、この世界樹を模した人工装置であり、天と地にいたる道**と考えられました。

マヤでは、この世界は創造と破壊を繰り返すという考えから、創造主に対する感謝と畏怖の念は非常に強く、頻繁に人身供犠を行いました。

この人身供犠については、トルテカ人の影響を大きくうけています。8世紀から10世紀までメキシコ中央高原に君臨したトルテカ人は、人身供犠の風習をもち、これがマヤにもたらされました。スペインの歴史家エレーラの1598年の記録では、人身供犠の「犠牲に処された人間の数は相当なもので、この風習はメキシコ高原の人々によってユカタンにもたらされた」とあります。

マヤ神話を伝える資料としては、スペイン人征服以前の考古学的な資料、征服以前から書かれ征服後もしばらく書きつづけられた絵文書、征服以後の文献資料の3種類があります。そのなかでももっとも重要な資料は、**キチェ・マヤ人が記した『ポポル・ヴフ』**です。現存する資料は18世紀にヒメーネス神父によって書き写されたものですが、原典はスペイン文化の影響の少ない征服直後の16世紀後半に書かれています。

『ポポル・ヴフ』は、古代マヤ人の神話集であり、創世神話や双子の英雄の冒険譚などを伝えています。

創造と破壊を繰り返すアステカ神話

アステカ文明は、13世紀にチチメカ人の一派であるアステカ族がメキシコ中央高地を支配したことにはじまります。

アステカ族は、征服した地域の神々をアステカの神話体系に次々と組み込みました。首都テノチティトランの大祭祀区域には、テオカリとよばれる特別な建物があり、ここに征服地から奪った宗教用具や崇拝対象物を納めました。

アステカ神話でもっとも有名な神は、エメラルドグリーンの羽毛があり、蛇の形をした**創造神ケツァルコアトル**です。この神は、オルメカ時代からメソアメリカ全体で知られていた神で、**人々に農耕と文字を授けた**とされます。

ケツァルコアトルのライバルが、破壊と戦争の神テスカトリポカです。テスカトリポカは、煙を吐く鏡を頭にいただく全能の神です。両神の因縁の対決は絶え間なくつづき、繰り返される大地の創造と破壊のなかで、支配権を激しく奪い合いました。**荒々しい性格のアステカ族は、トルテカ人やマヤ人よりも人身供犠を大々的に行いました。**神聖な祭典の際には数万人が生贄となり、その心臓がえぐり出されたと報告されています。その心臓と犠牲者の血は神々のなかでも、とくに重要な太陽神トナティウに捧げられました。

じつは、アステカ王国がたびたびライバルの都市国家と戦争を繰り広げたのも、供儀に捧げる捕虜を確保するためだったと考えられています。一方で、人身供犠は人口を調節する目的だとする説や、必要なタンパク源を補うためのカニバリズム（食人風習）の1つだったとする説もあります。

アステカ王国は、1521年にコルテス率いる400名あまりのスペイン軍の前に陥落します。黒い髪に白い肌をしたスペイン人は、アステカの神ケツァルコアトルの再来と勘違いされ、対応を誤ったことが敗因となりました。その後、アステカ神話はスペイン人修道士や先住民知識人らによって収集されました。

アステカの創世神話では、大地の創造と破壊を何度も繰り返し、現在は5番目の時代にあたるとしています。そのほかにも神話では、太陽、月、雨季といった自然界の法則や植物の生育サイクル、人間のはじまりを説明しています。

ビラコチャ神にはじまるインカ神話

南米のペルーとエクアドル、ボリビアにいたるアンデス地方では、紀元前2000年頃からトウモロコシやキャサバの栽培による灌漑（かんがい）農業が発達し、優れた石像技術も生まれました。

メソアメリカの人々と同じく、アンデス地方でアニミズム信仰が盛んとなり、**太陽や月、星、雷、雨などの自然現象や、ジャガー、ライオン、猫などの動物が崇拝の対象となりました**。

この地にインカ帝国が成立したのは、13世紀のことです。ペルーのクスコ地方のケチュア族のなかのインカ部族が、太陽の神殿祭祀を中心とする国家宗教とインカ族の言語ケチュア語を広く普及させることで、諸民族をインカ国民としてまとめあげました。

15世紀のパチャクク王の時代、帝国は最盛期をむかえます。エクアドルからチリにい

マヤ・アステカ・インカ神話の特徴

	マヤ神話	アステカ神話	インカ神話
信仰対象	自然現象（アニミズム信仰）	周辺地域の神々を取り込む	アニミズム（土着）太陽神（国家宗教）
主な神	双子の英雄神など	ケツァルコアトル	ビラコチャ神
世界観	巨大な爬虫類の背中に乗った3層の世界	創造と破壊を繰り返す世界 今は5番目の時代	チチカカ湖にあらわれた神が世界と人間を作る

近い地域だが、少しずつ異なる神話が発展した

たる南北4000キロの大帝国となり、それはローマ帝国に匹敵する規模を誇りました。

これほどの大帝国に発展しながら、インカには文字がありませんでした。1533年、スペインの征服者ピサロが帝国を滅ぼすと、その後、スペイン人記録者がアンデス地域のあちこちに伝わる神話を記録しています。

インカにまつわる神話には、**「ビラコチャ神の創造」**があります。アンデスの創造主とされるビラコチャが、チチカカ湖に姿をあらわし、世界と人間を創造したという話です。そのほか、「インカ帝国の起源神話」なども伝わります。

【マヤ神話の名場面】

創世物語と双子の英雄神

No.2

動物も人間も滅ぼす

マヤ神話を伝えるもっとも古い古文書『ポポル・ヴフ』は、現在もグアテマラ高地に住むキチェ・マヤ人が書き残したものです。この『ポポル・ヴフ』に収められた、世界の創世物語と双子の英雄の冒険譚を見てみましょう。

静かな海と空が広がる原初の世界――。そこには、創造神のフラカンやグクマツ（またはケツァルコアトル）、シュピヤコシュ、シュムカネという神々がいました。神々は水面を飛び回り、水のなかから大地や山、川、緑などの自然を生み出し、さらには、数々の動物をつくりました。ところが、動物たちはわめくばかりで、言葉を理解することもできず、創造主である神々を敬うこともありません。怒った神々は動物たちを生贄にして、食べてしまいました。

次に神々は、泥土から人間をつくりました。人間は口をきくことはできたものの、身体のつくりがやわらかく、すぐに崩れてしまいました。

その後、こんどは樹木から人間をつくりました。人間は言葉をもち、子孫を増やしましたが、魂もなければ知恵もなく、神々を敬うこともありません。神々は、「やはり滅ぼすしかない」と、大洪水を起こしました。**運よく生き残った人間の子孫は、猿になりました**。猿が人間に似ているのは、このためだといいます。

双子の英雄神が死の神を退治

次に、英雄神の冒険譚がはじまります。

創造神のシュピヤコシュとシュムカネのあいだには、フン・フナフプーとヴクブ・フナフプーという兄弟が生まれました。兄弟は、地上で球遊びをしていました。すると、地下界シバルバに住む死の神であるフン・カメーとヴクブ・カメーが、その騒々しさに耐えかねて、兄弟を殺害する計画をたてます。

兄弟は、死の神が遣わしたフクロウの姿をした4人の手下に「球遊びの賭けをやろう」と誘い出され、地下界で生贄にされます。

フン・フナフプーの首は切られ、実のならないヒョウタンの木に吊るされました。するとその木から無数のヒョウタンが実り、フン・フナフプーもヒョウタンの1つとなりました。**そのヒョウタンは、冥界の貴人の娘であるシュキックに唾液を吐きかけ、娘を妊娠させました。**シュキックは冥界から逃げ出し、地上のフン・フナフプーの母のもとで出産します。そうして生まれたのが、**シュバランケとフナフプーの双子の英雄**でした。

双子の英雄は、シバルバで死の神フン・カメーとヴクブ・カメーを退治します。そして、父フン・フナフプーと叔父ヴクブ・フナフプーの亡骸を探し出し、彼らの霊を解放しました。こうして**父は太陽となり、叔父は月になった**といいます。

以上の英雄神話は、太陽と月の起源を示しているとともに、世界が天界・地上界・地下界という3層からなることをあらわしています。

その後、創造神のフラカンとグクマツは、トウモロコシを挽いた粉をこねて、4人の男の人間をつくりました。4人の男たちは、神々を満足させる思慮深い生き物とな

マヤ神話で世界に人間が生まれるまで

原初の世界で創造神が生物をつくる

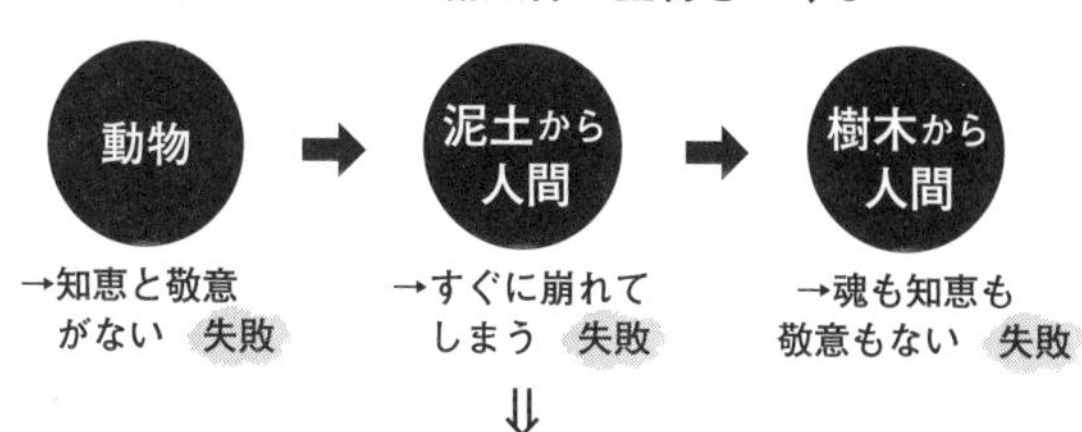

トウモロコシを挽いた粉から人間をつくることに成功する
(アメリカ大陸でトウモロコシが神聖視されたことに起因)

ります。

　ところが、人間は神と同じように遠くのものまで見通せる叡智と知識を手にしていました。そこで神々は、人間の力を抑えようと、目に霧を吹きかけ、近くのものしか見えなくしました。

　それから4人の男には4人の女が与えられ、これがキチェ・マヤ人の祖先となります。

　この人類誕生の物語では、**泥や樹木では人間の創造に失敗し、トウモロコシで成功している**ことが象徴的です。アメリカ大陸では、トウモロコシは栄養価が高く貯蔵も簡単だったことから、「奇跡の作物」とよばれ、神聖視されていたのです。

【アステカ神話の名場面】

5つの時代と太陽・月の起源

No.3

創造と破壊を繰り返す太陽時代

アステカの創世神話を見てみましょう。

この世界ができる前、すべてが混沌とした深い闇のなかで、男女一対の神があらわれました。男神オメテクトリ（別名トナカテクトリ）と女神オメシワトル（別名トナカシワトル）です。

彼らは、4人の息子を生みました。その4人の兄弟の名前はみなテスカトリポカで同じですが、それぞれ東西南北の4つの方角と赤・黒・白・青の色を担いました。

このうち末の2人の兄弟は、別名ケツァルコアトルとウィチロポチトリといい、この2柱がこの世の基本的なものを創造しました。火や半分の太陽、人間、暦、地下界、天上界などで、さらに**雨の男神トラロック**と**水の女神チャルチウトリクエ**をつくり、鰐（わに）の怪獣から大地をつくりました。その後、「太陽（＝世界）」が創造されては破壊されるということが4度繰り返されます。

第1の太陽は**「4のジャガー」**とよばれ、テスカトリポカが支配しました。この時代には、巨人が地上を闊歩していましたが、それが676年つづいたあと、テスカトリポカがジャガーに変身し、巨人たちを呑み込んで終わりました。

第2の太陽は**「4の風」**とよばれ、ケツァルコアトルが支配しました。676年つづいたあと、激しい嵐が起こり、人間を吹き飛ばしました。生き残った者も猿になってしまいました。

第3の太陽は**「4の雨」**とよばれ、トラロックが支配しました。364年つづいたあと、火の雨が降り、人間は死滅し、生き残った者も鳥に姿を変えました。

第4の太陽は**「4の水」**とよばれ、チャルチウトリクエが支配しました。312年つづいたあと、洪水によって人間は死滅し、生き残った者も魚に姿を変えました。

そして、**第5の太陽が現在の世界**になります。ケツァルコアトルは、前の時代の人間の骨を回収し、自らの血をふりかけて蘇らせました。太陽と月は神々がつくりました（後述）。

この現在の世界を象徴するのは、「4の動き」（大地の動き）であり、**いつの日か地震によって滅びる**と予言されています。

太陽になりそこねた月の神

現在の世界において、太陽と月がどのようにつくられたのでしょうか？

闇につつまれたなか、神々はテオティワカンで会議を開き、「だれが太陽になるか？」と話し合いました。すると、裕福な神テクシステカトルと貧しい神ナナワツィンという2柱が、太陽になるため自ら生贄の役を買ってでました。

2柱は4夜にわたる改悛（かいしゅん）の苦行ののち、5日目の夜、激しく燃え盛る焚き火の前へ進み出ました。集まった神々はテクシステカトルに「さあ！　火のなかへ身を投ずるのだ！」と背中を押しますが、テクシステカトルは怖気づいて動けません。

するとナナワツィンが歩き出し、ためらうことなく炎のなかへ飛び込みました。それを見て慌ててテクシステカトルもあとにつづきました。

創造と破壊を経て世界が生まれる

第1の太陽「4のジャガー」
ジャガーが巨人を呑み込む

第2の太陽「4の風」
嵐が人間を吹き飛ばす

第3の太陽「4の雨」
火の雨が降り注ぐ

第4の太陽「4の水」
洪水によって滅びる

現在の「第5の太陽」は地震によって滅びると予言

2人が燃えつきたとき、**最初に火のなかに落ちたナナワツィンが太陽となって**、東の空にあらわれ、その光は世界を隅々まで照らし出しました。

次にテクシステカトルも月となってあらわれましたが、明るすぎたため、ひとりの神がその顔にめがけてウサギを投げつけて暗くしました。古代メキシコで、月にウサギの姿が刻まれていると考えられたのは、この神話に由来します。

また、このときは太陽も月も静止したままでしたが、残りのすべての神々が生贄となって風の王エエカトル（ケツァルコアトルの別名）に風を吹かせたことで動き出したといいます。

【インカ神話の名場面】

ビラコチャ神の出現と王朝起源説話

No.4

人間を指導したビラコチャ神

インカ帝国には、創造神ビラコチャの神話が伝わります。これは、アンデス諸民族がどのようにつくられたのかを語る神話です。記録者によってさまざまなパターンがありますが、大まかには次のような話になります。

昔、闇に包まれたチチカカ湖の水がにわかに騒ぎ立ったかと思うと、**湖のなかから髭をはやした白い老人がぬっとあらわれました**。それが、ビラコチャという神でした。ビラコチャは光り輝く丸いものをいくつもつくると、ことごとく天空に投げ上げ、それが太陽や月、星となりました。

それからビラコチャは、湖岸のティアワナコで、人間の創造にとりかかりました。

ところが、最初の人間は神に敬意を払わなかったため、石に変えてしまいました。そして、地中から人間を登場させようと、地面に向かってよびかけました。すると、**泉や川、山、洞穴から、のちにその地域の部族となる人間が次々にあらわれました**。彼らがあらわれた場所は、のちにパカリーナ（発祥の地）とよばれ、聖所となりました。

ビラコチャは、各地の人間たちに道徳や倫理、農業技術、家畜の飼い方、医薬などを教えました。一方で、神の教えを守らない人間には、火の雨や洪水をもたらし絶滅させました。こうして人間の創造を終えたビラコチャは、海岸地方にまで来ると、**「再来」を言い残して、西の海上に姿を消しました**。

のちに、スペイン人がインカ帝国を襲ってきたとき、アステカ人と同じくインカ人は、肌の白いスペイン人を神の再来と勘違いしたため、容易に征服されてしまったといいます。

兄弟がクスコで帝国を建設

では、インカ帝国はどのように建設されたのでしょうか？　その創設神話も伝わります。

アンデス高地クスコ南東の岩山に、3人の兄弟と3人の姉妹がいました。兄弟の1人アヤル・カチは怪力なうえに不気味な魔法を操るため、兄弟たちはカチを恐れて、洞窟に閉じ込めて殺してしまいました。

ところがあるとき、死んだはずのカチが翼を広げて上空からあらわれ、「平野のクスコにインカの首都を築きなさい。やがて美しい神殿や宮殿が並び立つ立派な都市となり、インカの名は広く知れわたるだろう。そして、**太陽崇拝が盛んになるだろう**」と告げました。

これを聞いた兄弟姉妹は、クスコに都を建設しました。そして、兄弟の1人（末子）がマンコ・カパックとしてインカ帝国初代皇帝となり、姉妹の1人のママ・オクリョを妃としました。

皇帝は、死後もインティ・コリ（太陽の御子）として崇められたといいます。

インカ帝国成立以前のアンデス地方では、部族間の抗争が激しく、そのなかでインカ族が勝ち残りました。**この神話は、インカの正当性を訴えるためにつくられたと考えられます**。また、神話のなかで首都に定められたクスコは「世界の臍（へそ）」という意味

ビラコチャ神にはじまるインカの物語

**創造神ビラコチャは人間を創造し知識を与え、
「再来」を言い残して西の海上に去っていく**

**スペイン人のインカ襲来を「ビラコチャの再来」と
勘違いしたため、征服を許してしまう**

です。インカ人たちは、自分たちの住むところが世界の中心であると考えたのです。

ところで、以上のビラコチャの神話とインカ帝国の創設神話では、太陽信仰についてあまりふれられていません。

じつは、インカ帝国が歴史上にはっきりとあらわれるのは、**帝国の拡大をはかった第9代皇帝パチャクティ以降のこと**で、太陽信仰も彼によって強化されたと考えられています。彼は父である第8代皇帝ビラコチャ（ビラコチャ神とは違う）を太陽とする信仰をはじめ、この太陽信仰によって人々の求心力を高め、征服事業を進めたのです。

ククルカン

【トルテカ由来のマヤの創造神】

チチェン・イツァのククルカンの神殿。最下段にククルカンの彫刻がある

ククルカンは、マヤ神話の風と雷をつかさどる神であり、創造神です。メソアメリカでは、古くから羽毛の生えた蛇神ケツァルコアトルが崇拝されていました。**この神のユカタン語がククルカン**であり、**キチェ語ではグクマツ**となります。キチェ・マヤ人が書いた『ポポル・ヴフ』（P220）の神話では、グクマツは、ほかの3人の神とともに、3回にわたる人類創造にかかわりました。

マヤの記録によると、987年前後に、ククルカンという名の征服者が海路西方からにユカタンにやってきたとあります。これは、被支配民の反乱にあって逃げてきたトルテカ人の皇帝ケツァルコアトルであり、ここからマヤにククルカン信仰がもたらされたと考えられます。

マヤ低地北部のチチェン・イツァの神殿ピラミッドでは、いまも春分・秋分の日には「ククルカンの降臨」とよばれる天文現象が見られます。

【イグアナの姿をしたマヤの最高神】
イツァムナー

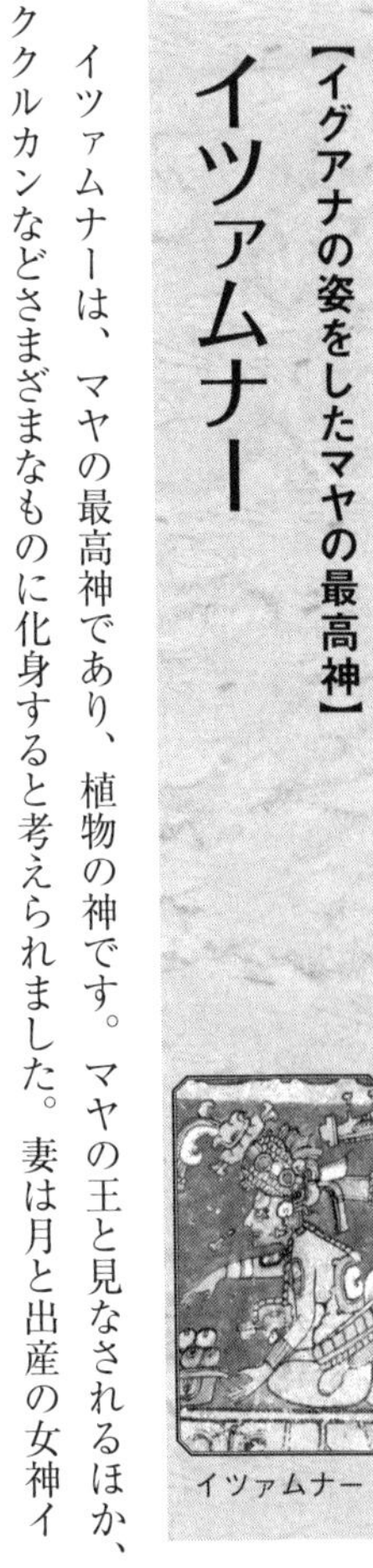
イツァムナー

イツァムナーは、マヤの最高神であり、植物の神です。マヤの王と見なされるほか、ククルカンなどさまざまなものに化身すると考えられました。妻は月と出産の女神イシュ・チェルです。

マヤの神話集『ポポル・ヴフ』によると、**創造神としてトウモロコシの粉をねったものから人間をつくり、文明を与えた**とされます。

イツァムナーとは「イグアナの家」を意味し、螺旋の瞳に角張った目の形をしたイグアナの姿であらわされます。あるいは、歯がなく頬がこけていながら、立派な鼻をもつ柔和な表情の老人としてあらわされることもあります。

イツァムナーは、完全なる善意をつかさどる神で、**人間の害となる破壊や災害などを起こすことはありません**。マヤの王朝は、王家の守護神としてイツァムナーを崇め、新年になると同神からの加護を祈願する儀式を執り行いました。

【メソアメリカで崇拝された蛇の神】
ケツァルコアトル

ケツァルコアトル

ケツァルコアトルは、アステカの創造神であり、もっとも重要な神です。文化神や農耕神であり、風や太陽の神でもあります。神聖な緑色の鳥（ケツァル）の羽毛でおおわれた蛇（コアトル）の姿であらわされたり、帽子をかぶり、貝の装身具をつけた、白い肌の人間の姿で描かれることもあります。

ケツァルコアトル信仰は、紀元前からメソアメリカの地に根付いていて、テオティワカンやトルテカに伝わりました。そこから、マヤやアステカ神話に取り入れられたと考えられます。

アステカでは、原初の神トナカテクトリとトナカシワトルの子として、創造神の地位にまで高められ、破壊神の兄テスカトリポカなどと世界の支配権を争いました。また、人類の創造も行いました。現在の世界ができたとき、地下界に下りていき、死の神をだまし、前の時代の人間の骨を回収し、自らの血をふりかけ蘇生させたのです。

【インカ帝国を導いた太陽神】

インティ

インティと第9代インカ皇帝パチャクティ

インカの太陽神がインティです。創造神でもあり、**人間に農業や医薬を伝えました。**

インカ皇帝は、インティの化身とみなされます。

インティは、光条をともなう黄金の円盤に人面を描いたものであらわされます。妻で月の女神ママ・キジャは、銀の円盤であらわされます。

太陽神は、古くからアンデス地方の神話で繰り返しあらわれ、重要な役割を果たしています。

ある神話によると、ビラコチャによって創造された巨人は闇のなかにいましたが、太陽がのぼることで巨人は死滅し、新しい人間が生まれました。また、インカの始祖マンコ・カパックにクスコ行きを命じたのは太陽でした。そして、第9代皇帝パチャクティは、太陽神の教えにしたがい人身供犠を行うことで、多くの部族を征服することができました。**太陽神は、インカの歴史の節目で大きな役割を果たしている**のです。

おわりに

世界のあちこちで生まれた神話をこうして一挙に見てくると、驚くほど多くの共通性が浮かびあがります。

創世神話に連なる大きな物語だけを切り取ってみても、ギリシア神話や北欧神話に見られる巨人族との戦い、メソポタミア神話やマヤ神話に見られる洪水神話（それは『旧約聖書』に引き継がれる）、北欧神話やアステカ神話に見られる破壊と創造（再生）の物語などがあります。

もちろん神話と神話のあいだで影響しあったこともあるでしょう。ある神話の派生系を探すことはいくらでも可能です。一方、それとは別に、もともとある程度広い地域で多くの人種や民族が共有していた神話があったというケースも考えられます。

では、そうした神話は完全な創作物なのでしょうか？　多くの民族が共有していたのなら、本当にあった話なのではないか？　少なくとも、それらしいことがあったのではないか？　そう思わずにはいられません。

聖書の洪水神話については、実際の大洪水から生まれたとする説があります（黒海洪水説など）。また、神話のなかに真実を求めたシュリーマンはトロイアを発掘し、エヴァンズはクノッソス宮殿を発掘しました。

神話は架空の物語ですが、一見突拍子もない話のなかに、なにかしらの真実は隠されているはずです。世界には多くの神話があって、そのうち私たちがふれられるのは、文書化され、奇跡的に保存・継承され、解読されたほんの一部分です。そんな神話にふれるとき、太古の人々の生々しい記憶にふれる感覚があるのです。

本書では取り上げていませんが、八百万の神が織りなす日本神話は「世界神話」の一部に分類されます。この日本神話については、拙著『図解 いちばんやさしい古事記の本』（彩図社）を参照いただければ幸いです。

最後に、本書をまとめるにあたり、彩図社の栩兼紗代さまには大変お世話になりました。日頃のご理解とご助力に心から感謝いたします。

2024年2月　沢辺有司

◆主要参考文献

『いちばんわかりやすいインド神話』（天竺奇譚、実業之日本社）
『ヴィジュアル版　世界の神話百科―ギリシア・ローマ　ケルト　北欧』（アーサー・コットレル、松村一男・蔵持不三也・米原まり子訳、原書房）
『面白いほどよくわかる世界の神々』（吉田敦彦監修、森実与子、日本文芸社）
『神の文化史事典』（松村一男・平藤喜久子・山田仁史編著、白水社）
『完全保存版　世界の神々と神話の謎』（歴史雑学探究倶楽部編、学研パブリッシング）
『ギリシアの神々』（曽野綾子、田名部昭、講談社文庫）
『ケルト神話と中世騎士物語』（田中仁彦、中公新書）
『ケルトの神話』（M・J・グリーン、市川裕見子訳、丸善ブックス）
『時間を忘れるほど面白い世界の神話』（博学面白倶楽部、三笠書房）
『図解雑学　ギリシア神話』（豊田和二監修、ナツメ社）
『図説　アステカ文明』（リチャード・F・タウンゼント、増田義郎監修、武井摩利訳、創元社）

『図説 マヤ文明』（嘉幡茂、河出書房新社）
『世界神話辞典』（アーサー・コッテル、左近司祥子・宮元啓一・瀬戸井厚子・伊藤克巳・山口拓夢・左近司彩子訳、柏書房）
『世界神話事典』（大林太良・伊藤清司・吉田敦彦・松村一男編、角川書店）
『世界神話入門』（篠田知和基、勉誠出版）
『「世界の神々」がよくわかる本』（東ゆみこ監修、造事務所、PHP文庫）
『世界の神々の秘密』（クリエイティブ・スイート編著、PHP研究所）
『アステカ・マヤの神々　古代の神と王の小事典3（大英博物館双書Ⅳ）』（クララ・ベサニーリャ、横山玲子訳、學藝書林）
『天空の帝国インカ』（山本紀夫、PHP新書）
『はじまりが見える世界の神話』（植朗子編著、石黒大岳ほか、創元社）
『マヤ・インカ神話伝説集』（松村武雄編、大貫良夫・小池佑二解説、社会思想社）
『マヤ文明を知る事典』（青山和夫、東京堂出版）

■ **著者紹介**

沢辺有司（さわべ・ゆうじ）

フリーライター。横浜国立大学教育学部総合芸術学科卒業。

在学中、アート・映画への哲学・思想的なアプローチを学ぶ。編集プロダクション勤務を経て渡仏。パリで思索に耽る一方、アート、旅、歴史、語学を中心に書籍、雑誌の執筆・編集に携わる。現在、東京都在住。

パリのカルチエ散歩マガジン『piéton（ぴえとん）』主宰。

著書に『図解 いちばんやさしい哲学の本』『図解 いちばんやさしい三大宗教の本』『図解 いちばんやさしい地政学の本』『図解 いちばんやさしい地経学の本』『地政学から見る日本の領土』『ワケありな映画』『ワケありな名画』『封印された問題作品』『吉田松陰に学ぶ リーダーになる100のルール』『本当は怖い 仏教の話』『要点だけで超わかる日本史』『教養として知っておきたい33の哲学』（いずれも彩図社）、『はじめるフランス語』（学研プラス）、『地政学ボーイズ』（原案・監修／ヤングチャンピオン）などがある。

【カバー＆本文イラスト】梅脇かおり

図解いちばんやさしい世界神話

2024年 4月11日　第1刷

著　者　沢辺有司

発行人　山田有司

発行所　株式会社彩図社
〒170-0005
東京都豊島区南大塚3-24-4 MTビル
TEL 03-5985-8213　FAX 03-5985-8224
https://www.saiz.co.jp/
https://twitter.com/saiz_sha

印刷所　新灯印刷株式会社

ISBN978-4-8013-0711-7 C0195

※本書は2021年1月に小社より刊行した『図解　いちばんやさしい世界神話の本』を再編集の上、文庫化したものです。